## Über dieses Buch

Von verwandelten Löwen, vom törichten Pavian und vom listigen Schakal, vom heiligen See und vom Wettlauf zwischen Schildkröte und Springbock, vom Ursprung des Todes und von Dämonen handeln diese Volkserzählungen der Kaffern und Hottentotten. Durch die bis heute andauernde Unterdrückung der südwest- und südafrikanischen Völkerschaften blieben ursprüngliche Sitten und Bräuche wie auch ihre eigenständige Kultur großenteils erhalten. Der besondere Reiz dieser Märchen, Sagen und Fabeln liegt in ihrer Mischung aus naivem Erzählen, dem Glauben an das Wunderbare und in ihrer versteckten, gleichnishaften Symbolik.

## Der Herausgeber

Ulrich Benzel, 1925 in Neustettin geboren, 1947 Abitur in München, Studium der Germanistik, Anglistik, Volks- und Völkerkunde in Marburg, 1954 Promotion zum Dr. phil. Heute lebt er als Oberstudienrat in Lauterbach am Vogelsberg. Er hat Tausende von Volkserzählungen aus vielen Teilen des deutschen Sprachraums, vom Balkan und aus Afrika, meist im Dialekt des jeweiligen Explorationsgebietes, gesammelt und aufgezeichnet.
Veröffentlichungen u. a.: ›Volkserzählungen aus dem nördlichen Böhmerwald‹, Marburg 1957; ›Sudetendeutsche Volkserzählungen‹, Marburg 1962; ›Kaukasische Märchen‹, Regensburg 1963; ›Volkserzählungen aus dem oberpfälzisch-böhmischen Grenzgebiet‹, Münster 1965. In Vorbereitung ist ein umfangreicher Band über das Erzählgut hessischer Kinder.

# Märchen
# Sagen und Fabeln
# der Hottentotten und Kaffern

Herausgegeben von
Ulrich Benzel

Fischer Taschenbuch Verlag

Originalausgabe
Fischer Taschenbuch Verlag
1.–22. Tausend      Juli 1975
23.–27. Tausend    Februar 1978
Umschlagentwurf und Illustration: Jan Buchholz/Reni Hinsch
Fischer Taschenbuch Verlag GmbH, Frankfurt am Main
© 1975 by Fischer Taschenbuch Verlag GmbH, Frankfurt am Main
Gesamtherstellung: Hanseatische Druckanstalt GmbH, Hamburg
Printed in Germany
380-ISBN-3-596-21614-1

# *Inhalt*

Vorwort ..... 7

## *Hottentotten*

### Märchen

Das Weisheitskrämerchen und der kundige Einäugige ...... 15
Was geschenkt ist, bleibt geschenkt ..................... 18

### Sagen

Heitsi-Eibip ........................................... 21
Der Sieg des Heitsi-Eibip .............................. 21
Heitsi-Eibips Sieg (andere Überlieferung) ............... 22
Der Rosinenesser ....................................... 23
Woher stammt der Unterschied in der Lebensweise
  der Hottentotten und der Buschmänner ................. 24

### Fabeln

Der Ursprung des Todes ................................. 25
Der Ursprung des Todes (andere Überlieferung) .......... 25
Der Ursprung des Todes (dritte Überlieferung) .......... 26
Der Ursprung des Todes (vierte Überlieferung) .......... 27
Was sich Zulus vom Ursprung des Todes erzählen ......... 27
Die Sonne und das Pferd ................................ 27
Warum hat der Schakal einen langen schwarzen Streifen
  auf dem Rücken? ...................................... 29
Des Löwen Niederlage ................................... 30
Der überlistete Löwe ................................... 30
Die Jagd des Löwen und des Schakals .................... 31
Des Löwen Anteil ....................................... 32
Die Schakalshochzeit ................................... 33

Die Schlange ........................................... 34
Die Schlange (andere Überlieferung) ..................... 35
Die Schlange (dritte Überlieferung) ...................... 36
Der Wolkenschmaus ..................................... 37
Der Fischdiebstahl ...................................... 38
Wer war der Dieb? ..................................... 38
Der kranke Löwe ....................................... 39
Die Buschtaube und der Reiher .......................... 40
Der Leopard und der Widder ............................ 41
Der Hahn .............................................. 43
Der Elefant und die Schildkröte ......................... 43
Die Giraffe und die Schildkröte ......................... 45
Die Schildkröten auf der Straußenjagd ................... 46
Des Pavians Urteil ..................................... 46
Der Löwe und der Pavian ............................... 48
Der Zebrahengst ....................................... 49
Das verlorene Kind ..................................... 50
Der Pavian als Hirte .................................... 50
Der Löwe, der sich für weiser hielt als seine Mutter ....... 51
Der fliegende Löwe ..................................... 53
Der Löwe in Frauengestalt .............................. 54
Das Weib in Löwengestalt ............................... 58
Der Löwe und der Buschmann ........................... 59
Wie eine Nama-Frau die Elefanten überlistete ............. 60
Kupfer und Wetter oder Die böse Schwester .............. 62

# Kaffern

Bist du nicht der schöne Vogel? ......................... 65
Der heilige See ......................................... 69
Märchen von Chuveane ................................. 72
Löwe und Pavian überlisten den Elanhirsch ............... 77
Schildkrötes Sünde ..................................... 79
Wie die Schildkröte des Königs Schwiegersohn wurde ..... 82
Maschilo und Maschilwane oder Der Brudermord ......... 88
Vom Sohn des Maschilo ................................ 90
Thakane und Thakanjane ............................... 96
Schönen Dank, Mokoni ................................. 99
Um eine Löwenhaut ................................... 101
Der Garten ist dein, Feldhuhn .......................... 107
Untreue frißt ihren eigenen Herrn ...................... 107
Vom Sohn des Molopelope. Die falsche Schlange ......... 108
Frau Kchaladis Leid ................................... 111

# Vorwort

Die Hottentotten (etwa 40 000 Stammesangehörige) leben im Südwesten Afrikas; sie sind Hirtennomaden, Farmarbeiter oder Kontraktarbeiter in den Minen der Bergwerksgesellschaften. Ihr Hauptsiedlungsgebiet, zwischen dem zwanzigsten und dreißigsten Breitengrad, ist das Territorium des ehemaligen Deutsch-Südwestafrika. Diesen Trockenräumen schließt sich im östlichen Südafrika das Gebiet von Savannenbauern an. Hier leben die Kaffern, eine der volkreichen Gruppen von Bantustämmen, die häufig ebenso wie die Hottentotten für einen Minimallohn unter dem Existenzminimum als Minenarbeiter ausgebeutet werden. Nach zweijähriger Tätigkeit, so will es die Regierung, müssen sie regelmäßig in die drückende Enge der Reservate, die »Homelands«, zurückkehren.
Hier bewähren sich jedoch auch alte Bindungen; von der Regierung unbeabsichtigt sind überliefertes Brauchtum und eine alte Volkskultur noch am Ende des zwanzigsten Jahrhunderts lebendig. Weiße haben nur Zutritt zu den Reservaten, wenn sie besondere Aufenthaltsgenehmigungen vorweisen können. Fast die Hälfte der Schwarzafrikaner kann weder lesen noch schreiben. Dies alles sind Elemente der Unterdrückung, die jedoch bewirken, daß sich uralter Volksglaube bis heute erhalten hat. Kehren die Kontraktarbeiter zurück, so streifen sie das brüchige Gewand pseudoeuropäischer Kultur ab und gleichen sich wieder dem altgewohnten Leben im Kral und in der Dorfgemeinschaft an.
Zu den Sitten und Gebräuchen, die allmählich aussterben, gehören auch die Hochzeitsriten. Der Reichtum eines Mannes wird an der Zahl der Töchter und der Rinder gemessen. Die Kaffern heiraten mehrere Frauen; der Vater der Braut wird mit Rindern bezahlt. Sind die langen Vorverhandlungen abgeschlossen, dann bringen junge Anverwandte die Braut zum Kral des Bräutigams. Ihre Ankunft muß nach Sonnenunter-

gang stattfinden, um die bösen Geister und Dämonen zu täuschen. Der nächste Tag ist erfüllt mit Hochzeitstänzen, üppigem Essen und Trinken und der Übergabe des Viehs an den Vater der Braut. Nun wird die junge Frau zur Isibaya, der Viehherde, geführt. Die Hütte für die Frau und der Kral für ihren Mann werden im Halbkreis zur Viehherde errichtet. Der Gumusi, das Dorf, besteht aus einem Hüttenring, der die gemeinsame Viehherde umschließt; eine Dornenhecke schützt das Gemeinwesen vor wilden Tieren. Beim Bau der Hütte werden Äste kreisförmig in den Boden getrieben, an den Spitzen gekrümmt und zusammengebunden. Die Zwischenräume werden mit einer Mischung von Lehm und Kuhdung ausgefüllt und verschmiert.

Nicht weit von der Hütte liegt das Feld, das Insimu. Die Kaffern sind nicht nur Viehzüchter, sondern auch Getreidebauern; sie bauen Mais und Kaffernkorn an. In den Hütten wird zahlreiches urtümliches Hausgerät aufbewahrt — besonders auffällig sind die Kalebassen, ausgehöhlte und getrocknete Flaschenkürbisse, die als Behälter von Wasser und Milch dienen. Bei den Zulus wurden früher der Braut ein Mahlstein, ein Besen und ein Napf übergeben. Der Bräutigam erhielt den Assagai, den scharfen, lanzettenförmigen Wurfspeer der Kaffern. Auch heute noch tragen die Männer in den »Homelands« diese Waffe; sportliche Geschicklichkeitsspiele sind ohne den Assagai nicht denkbar.

Der verstärkte Bau von Schulen und Einfamilienhäusern und die Ausbreitung des Christentums bedrängen mehr und mehr diese alte Volkskultur. Doch daneben erhält sich fast unvermindert die Furcht vor Dämonen und den Geistern der Verstorbenen. Noch vor wenigen Jahrzehnten wurden die Toten von ihren Angehörigen in den Busch getragen und den Hyänen zum Fraß überlassen; Frauen wurden oft am Wege verscharrt. Neben den verschiedensten Dämonen beeinflußte die Angst vor dem Gott Tio (oder Tillo) und vor den menschenfressenden Ungeheuern (wie Inabulele) das Leben der Kaffern. In Sagen und Märchen wird auch von Siswana Sibouwana, dem »Rotbauch«, berichtet, einem Untier, das Menschen verschlingt, ohne sie zu töten. Schlangen stehen bei den Kaffern in hohem Ansehen, da sie glauben, daß die Verstorbenen in ihnen wiedergeboren werden. Daher sind Schlangen tabu und werden auch dann nicht getötet, wenn sie den Tod von Dorfgenossen verursacht haben. Die Kaffern warten

ehrerbietig, bis sich eine Schlange aus dem Wohnraum entfernt hat; erst dann darf die Hütte wieder betreten werden.
In diesem Band werden nun alte, fast vergessene Märchen, Fabeln und Sagen erneut vorgestellt. Sie widerlegen das alte Vorurteil von der kulturellen Unterentwicklung Schwarzafrikas. Leo Frobenius war der erste, dessen Sammlung von über 100 großen afrikanischen Volksballaden den Völkerkundlern neue Wege wies. In neuerer Zeit beschrieb Janheinz Jahn in mehreren Werken die Literaturen Schwarzafrikas. Auch mir selbst wurden von Erzählern aus allen Teilen des Kontinents eine Fülle von Märchenvollformen überliefert. Sie können sich an Schönheit, Reichtum der Motive, tiefer Volksweisheit, Humor und Verschmitztheit durchaus mit den bekannten europäischen Märchen messen. Es präsentiert sich eine überaus reiche, bunte und differenzierte Märchenlandschaft in allen Teilen Afrikas; die Überlieferung ist noch lebendig, die Bezogenheit des Erzählers zu seinem Stoff noch ungebrochen. Die häufigsten Formen sind Zaubermärchen, besonders Tiermärchen, mythische Gebilde, Götterberichte, Sagen, Legenden und Schwänke. Hauptträger der Überlieferung sind Männer, die in hellen Mondnächten vor den Hütten oder am Lagerfeuer erzählen: Sie haben die Tiere auf der Jagd beobachtet, kennen ihre Gewohnheit und Eigenarten und haben sie zu Tiermärchen geformt.
Auffallend sind manche Übereinstimmungen mit europäischen Märchen. So nehmen die magischen Zahlen drei, sieben und zwölf großen Raum ein: Es sprechen sieben Zaubervögel, sieben oder zwölf Rinder werden dem Vater der Braut gegeben; in ihnen leben die Seelen von den sieben im Krieg getöteten Söhnen weiter.
Häufige Motive sind Kannibalismus wie auch magische Gegenstände. Da wird ein Ei zu dichtem Nebel und hilft den Fliehenden; eine Kalebasse wird zur Wasserpfütze und damit zum Hindernis, unter ihrer Form kann sich auch der Märchenheld verbergen; wie in der deutschen Wassermannssage zeigt blutiges Wasser den Tod des Tauchers an; ein Mausefell spricht mit den Menschen.
Ein Mädchen muß reinen Herzens sein, wenn sie den Häuptlingssohn zum Mann gewinnen will, und sie darf die freundlichen Ratschläge der helfenden Tiere Frosch und Maus nicht verachten. Wie in europäischen Volksmärchen wird das schuldlose Mädchen von der bösen, neidischen Schwester ge-

tötet; ein Ochse holt die Heldin aus dem See, sie wird ins Leben zurückgerufen. Bei den Kaffern gelten der Hase und das Cacide oder Cakyane (Wiesel) als besonders schlaue Tiere. Warum gerade der Hase? Die Kaffern erzählen: Der Hase hat die Gewohnheit, dauernd die Lippen zu bewegen. Er weiß überall Bescheid, kennt viele Geheimnisse, möchte gerne mit den Menschen sprechen und sagt häufig: »Ee Sungura wee« (Du Fuchs, du). Bei anderen afrikanischen Völkern gelten Spinne oder Schildkröte als schlaue Tiere. Wie die Spinne hat das Cakyane einen bösen Charakter; es ist unsozial und schädigt die anderen Tiere, wo es kann.

Wie die Kaffern züchten die Hottentotten Rinder, Fettschwanzschafe, in jüngster Zeit auch Ziegen. Die wichtigsten Nahrungsmittel sind Milch, besonders Sauermilch, Kaffernkorn und Rindfleisch. Butter wird als Salbe gebraucht; der Körper wird von oben bis unten damit eingerieben.

Die Tracht der Hottentotten war früher der Karoß, ein Mantel, der aus Fellen oder Leder gefertigt wurde; heute tragen sie europäische Kleider. Ihre Häuser, eine Art Kuppelhütte, werden Pontoko genannt. Sie sind mit Binsen gedeckt und können mit Hilfe von Stangen transportiert werden. Heute haben sie häufig Wellblechhütten oder Pontokos, die mit rostigem Blech bedeckt sind.

Am Aussehen der Hottentotten fällt besonders ihre helle Farbe und die starke Runzelung ihrer Haut auf. Ihre Sitten und Gebräuche unterscheiden sich teilweise von denen der Kaffern. Z. B. werden die Kühe von den Frauen gemolken, was bei den Kaffern streng verboten ist. Noch heute wird zuweilen das Neugeborene von Kopf bis Fuß mit Kuhmist eingerieben, dann zum Trocknen in die Sonne gelegt, wieder gereinigt, nun mit Pflanzensaft bestrichen, damit das Kind gelenkig wird. Danach wird es schließlich mit Schaffett oder Butter eingerieben.

Von den alten Hochzeitsbräuchen hat wenig überlebt. Die Stellung der Frau ist bei den Hottentotten freier als bei vielen anderen afrikanischen Stämmen. Das Mädchen wählt selbst ihren zukünftigen Ehemann. Früher saß die Braut vor dem Eingang der Hütte und wartete auf die Ankunft des Erwählten. Dabei nickte sie herausfordernd mit dem Kopf. Ein unverheirateter Vetter stülpte ihr einen Rindermagen auf den Kopf, damit die Ehe kinderreich werden möge.

Zur Hochzeit wie auch bei Todesfällen wurden Rinder geschlachtet. Die Toten wurden in Hockstellung gebracht, mit dem Blut der getöteten Tiere bestrichen und die Glieder mit Riemen zusammengebunden. Dadurch soll der »lebende Leichnam« gebannt werden; noch heute gibt es die Furcht vor Toten, die als Wiedergänger die Angehörigen und die Dorfgemeinschaft beunruhigen. Die Gräber wurden mit Steinplatten und Dornenzweigen geschlossen; darüber wölbte sich ein mit Steinen befestigter Erdhügel, um die Tiere abzuhalten. Die Leiche durfte nur durch einen Durchbruch in der Wand aus dem Haus gebracht werden, da befürchtet wurde, daß sie als Dämon wieder in das Haus eindringen würde. (Das erinnert an europäische Totenbräuche: So darf in manchen Dörfern des süddeutschen Sprachraums, wie etwa in der bayerischen Oberpfalz, der Tote nur mit den Füßen zuerst aus dem Haus getragen werden.)

In Südafrika saßen noch vor etwa 50 Jahren die Klagenden im Kreis und wurden mit Urin und Asche bespritzt; beides sollte eine reinigende Wirkung haben. Nach der Totenklage wurde die Hütte abgebrochen, man zog weiter aus Furcht vor den Toten, denen dieser Platz weiter gehörte. Ihr Haus wurde nicht abgebrochen, die Gerätschaften verblieben darin. Noch heute erzählen die Alten des Stammes von diesen Bräuchen. So sollen sich Witwen zum Opfer ein Fingerglied abgehackt haben. Alte und Kranke wurden ausgesetzt, sie ertrugen es als etwas Selbstverständliches. Inzwischen sind christliches und abendländisches Denken weit verbreitet — diese urtümlichen Bräuche würden heute mit schweren Strafen geahndet werden.

Eine große Rolle spielte auch die Mondverehrung. Eine der Beschwörungsformeln lautet: »Großer Kapitän ( so wird der Mond genannt), sei willkommen, mache, daß wir viel Honig bekommen, mache, daß unser Vieh viel Weide hat, daß es viel Milch gibt.«

Die Hottentotten kennen auch das Prinzip des Bösen. Es ist Gaunab, der Schöpfer alles Bösen, der in einem schwarzen Himmel seinen Wohnsitz hat. Heilsi-Eibib oder Kabib ist eine Gottheit, ein großer Zauberer. Er erscheint oft in sehr schönen, verschiedenen Gestalten. Schon viele Male ist er gestorben, um desto strahlender und schöner wieder aufzuerstehen. Seine Gräber werden überall im Lande gezeigt; die Menschen werfen Steine auf diese Gräber, um Tod, Unglück oder Krankheit von sich abzuwehren.

Europäische Motive und Formen sind sicher teilweise auf den Einfluß der Missionare zurückzuführen, die, wie es bereits die Geistlichen des Mittelalters taten, in ihren Unterweisungen und Predigten lehrhafte Texte einfügten, die von Mund zu Mund, von Generation zu Generation und von einem zum anderen Stamm weitergegeben wurden. Besonders oft fand ich bei verschiedenen Völkern das Märchenmotiv vom Wettlauf der verschiedenartigsten Tiere. Häufig stößt man bei Märchen aus den verschiedensten Herkunftsländern auf die düsteren Eingangsformeln: »Zur Zeit, als der große Hunger wütete«, oder: »Damals, als alle Menschen lange hungern mußten.« Bemerkenswert ist auch eine Variante des deutschen Märchens »Tischlein deck dich«: Ein Knabe schlägt mit der flachen Hand an das Horn seines Ochsen; es öffnet sich und gibt dem Knaben die erbetene Nahrung. Auch in diesem Märchen werden dem Helden die Zaubergegenstände gestohlen.

Ätiologische Märchen beantworten Fragen wie: Warum ist ein Hinterbein der Hyäne kürzer? Warum trägt der Schakal einen langen schwarzen Streifen auf dem Rücken? Es wird von der Sonne erzählt, die ein Kind hat, das nicht beachtet wird. Der Schakal trägt es auf seinem Rücken, dabei verbrennt er sich das Fell. Oder: Warum ist die Nase des Hasen gespalten? Der Mond hat ihm mit einem Scheit Holz auf die Nase geschlagen, weil er den Menschen eine Botschaft falsch überbracht hatte.

Der besondere Reiz dieser Märchen, Sagen und Fabeln liegt in ihrer Mischung aus naivem Erzählen, dem Glauben an das Wunderbare und ihrer versteckten, gleichnishaften Symbolik.

Die Erzählungen dieses Bandes entstammen der Sammlung Sir George Greys, die er nach umfangreichen Beiträgen des deutschen Missionars G. Krönlein im Jahre 1861 anlegte, und aus den Reisebeschreibungen von Sir James E. Alexander, Expedition of Discovery into the Interior of Africa, London 1938.

*Ulrich Benzel*

# Hottentotten

# Märchen

## Das Weisheitskrämerchen und der kundige Einäugige

Ein Mädchen, so erzählt man, ging aus, um Zwiebeln zu suchen. Als sie nun an den Platz kam, wo diese wuchsen, traf sie mit mehreren Männern zusammen, darunter war ein Einäugiger. Als sie nun nach Zwiebeln grub, halfen ihr die Männer dabei. Sobald ihr Sack voll war, sprachen sie zu ihr: »Geh nun und sage den andern Mädchen Bescheid, auf daß mehrere hierherkommen.«
So ging sie denn heim und erzählte ihren Gefährtinnen davon; am anderen Morgen früh machten sie sich auf. Ein kleines Mädchen aber folgte ihnen; da sagten einige: »Laßt die Kleine doch heimgehen!« Ihre ältere Schwester aber widersprach und sagte: »Oh, sie läuft ja allein, ihr braucht sie nicht ins Awafell zu nehmen.«
So machten sie sich denn miteinander auf den Weg, und als sie den Platz erreicht hatten, wo die Zwiebeln wuchsen, begannen sie zu graben. Das kleine Mädchen aber bemerkte Fußspuren und sagte zu der, die sie dahingeführt hatte: »O Wunder! Woher nur so viel Spuren? Bist du denn nicht allein hier gewesen?« Die aber gab zur Antwort: »Ich ging hin und her und schaute mich um, darum wohl so viele Fußspuren!«
Trotzdem wollte die Kleine es nicht glauben, daß dort so viele Spuren sein könnten, wenn das andere Mädchen allein gewesen wäre, und sie blieb unruhig, denn sie war ein Weisheitskrämerchen. Von Zeit zu Zeit erhob sie sich von ihrer Arbeit und guckte sich um, wobei sie einmal zufälligerweise die Höhle eines Erdschweins entdeckte. Später bemerkte sie einige Männer, aber sie wurde nicht von ihnen gesehen.
Darauf kehrte sie zurück und grub weiter mit den andern Mädchen, ohne jedoch irgend etwas von dem zu erwähnen, was sie gesehen hatte. Mitten in ihrer Arbeit erhob sie sich

jedoch immer wieder und schaute um sich. Da fragten die andern sie: »Wonach guckst du denn so viel und gräbst nicht? Was ist das für ein Mädchen!« Sie aber arbeitete stillschweigend weiter. Als sie sich wieder erhob, sah sie die Männer sich nähern.
Der Einäugige aber blies auf dem Rohre; und er blies also: »Heute soll Blut fließen, Blut fließen, Blut fließen!« Die Kleine verstand, was auf dem Rohre geblasen wurde, und sagte zu den Größeren, die anfingen zu tanzen: »Versteht ihr auch, was auf dem Rohre geblasen wird?« Die aber sagten nur: »Was ist das doch für ein Kind!« Da ging sie und tanzte mit den andern, trug aber Sorge, inzwischen ihrer Schwester Fellmantel an dem ihren zu befestigen. Als der Tanz allmählich geräuschvoller wurde, benutzten sie eine Gelegenheit, um zu entschlüpfen.
Unterwegs fragte die kleine Schwester: »Verstehst du auch das Rohr; ich meine, was darauf geblasen wird?« Sie gab zur Antwort: »Nein, ich verstehe es nicht.« Da erklärte die Kleine ihr, das Blasen auf dem Rohre bedeute: »Heut soll Blut fließen!«
Während sie nun dahinwanderten, ließ die Kleine die ältere Schwester vorangehen und folgte selbst, wobei sie rückwärts schritt und fürsorglich in ihrer Schwester Fußtapfen trat, so daß sie nur *eine* Reihe von Fußspuren hinterließen, die noch dazu in der verkehrten Richtung liefen. So kamen sie zu des Ameisenfressers Höhle.
Die Männer aber töteten alle Mädchen, die mit ihnen tanzten. Da nun die ältere der beiden Entflohenen deren erbärmliches Geschrei hörte, sprach sie: »Ach, meine Schwester!« Aber die jüngere erwiderte: »Meinst du, du würdest noch am Leben sein, wärst du dort geblieben?«
Nun vermißte der Einäugige zuerst die Schwestern und sprach zu den andern: »Wo mögen die beiden hübschen Mädchen sein, die mit mir getanzt haben?« Die andern aber verspotteten ihn und riefen: »Er lügt; er hat mit *seinem* Auge gesehen!« Einauge aber beharrte darauf, daß wirklich zwei Mädchen fehlten. Da machten sie sich auf, ihre Spur zu finden; die Fußspuren waren jedoch genügend verwischt, um sie in die Irre zu leiten.
Als die Männer nun bei der Grube des Ameisenfressers ankamen und bemerkten, daß die Spuren nicht weitergingen, spähten sie in das Loch hinein, sahen aber nichts. Da guckte

Einauge auch hinein, erblickte die Mädchen und rief laut:
»Da sitzen sie ja!« Die andern guckten nun wieder, sahen
aber immer noch nichts, da die Mädchen sich mit Spinnweben bedeckt hatten.

Da nahm einer der Männer den Assagai, stieß ihn von oben
in die Höhle hinein und traf damit die Ferse der Großen;
das Weisheitskrämerchen aber hielt den Assagai fest und
wischte das Blut ab, und als die Große schreien wollte, warnte die Kleine sie, es nicht zu tun.

Als Einauge wiederum hineinspähte, glotzte die Kleine ihn
an. Er sagte: »Da sitzt sie ja!« Die andern guckten auch hinein, da sie aber noch immer nichts wahrnahmen, sprachen sie
spottend: »Er hat wieder mit *seinem* Auge gesehen.«

Endlich bekamen die Männer Durst und sprachen zu Einauge: »Bleib hier, wir wollen trinken gehen, und wenn wir
wieder da sind, magst auch du gehen.«

Als Einauge nun allein dort war, sprach die Kleine eine Beschwörungsformel zu ihm:

»Du schmutziger Sohn deines Vaters,
Bist du dort? Bist du allein nicht durstig?
O du schmutziges Kind deines Vaters,
Schmutziges Kind deines Vaters!«

»Allerdings bin ich durstig!« sagte Einauge und ging davon.
Nun kamen die beiden Mädchen aus der Grube heraus, und
die Kleine nahm ihre ältere Schwester auf den Rücken, und
sie gingen von dannen. Als sie nun aber über die kahle, buschlose Fläche gingen, erblickten die Männer sie und riefen:
»Da sind sie, in der Ferne!«, und sie eilten ihnen nach.

Als die Männer ihnen nahe kamen, verwandelten die beiden
Mädchen sich in Dornsträucher von der Art, die man *»Wachteen-bitje«* (d. h. »Wart ein Weilchen!«) nennt, und die Perlen,
die sie trugen, wurden zu Gummi an den Bäumen. Da aßen
die Männer von dem Gummi und fielen in tiefen Schlaf.

Als sie nun schliefen, bestrichen die Mädchen die Augen der
Männer mit Gummi und machten sich auf und davon; die
Männer ließen sie aber in der Sonne liegen.

Die Mädchen waren schon nahe bei dem Kral, als Einauge
erwachte und rief:

»O Schande! Pfui über dich!
Die Augen sind uns verklebt!
Pfui über dich, mein Bruder!«

So nahmen sie den Gummi von ihren Augen und jagten hinter den Mädchen her. Die aber kamen unversehrt nach Hause und teilten ihren Eltern mit, was geschehen war.
Da weinten und wehklagten alle. Sie blieben jedoch ruhig daheim, ohne nach den andern Mädchen zu suchen.


## Was geschenkt ist, bleibt geschenkt
### (ein Mittel, jemanden einzuschläfern)

Es war einmal ein kleines Mädchen, die hatte eine *Eïngi* (d. i. eine Art Frucht). Und sie sprach zu ihrer Mutter: »Mutter, warum sagst du denn nicht: ›Meine Erstgeborene, gib mir die *Eïngi!*‹ Denkst du etwa, daß ich mich weigern werde?«
Da sprach ihre Mutter: »Meine Erstgeborene, gib mir die *Eïngi!*« Sie gab sie ihr und ging davon. Da verzehrte die Mutter die *Eïngi*.
Als das Kind zurückkam, sprach es: »Mutter, gib mir meine *Eïngi!*« Seine Mutter aber gab zur Antwort: »Ich habe die *Eïngi* gegessen.«
Da sagte das Kind: »Wie kommt es, Mutter, daß du meine *Eïngi* ißt, die ich von unserem Baume gepflückt habe?« Um sie zu beruhigen, gab ihr die Mutter eine Nadel.
Da ging die Kleine fort und traf ihren Vater, wie er Riemen mit Dornen nähte; und sie sprach: »Wie kommt's, Vater, daß du mit Dornen nähst? Weshalb sagst du nicht: ›Meine Erstgeborene, gib mir deine Nadel!‹? Verweigere ich sie denn etwa?«
Da sprach der Vater: »Meine Erstgeborene, gib mir deine Nadel!« Sie gab sie ihm und ging für ein Weilchen fort. Der Vater begann nun zu nähen, die Nadel brach aber. Als das Kind zurückkam und sprach: »Vater, gib mir meine Nadel!«, da gab er ihr zur Antwort: »Die Nadel ist zerbrochen.«
Da beklagte sie sich darüber und sprach: »Wie kommt es, Vater, daß du meine Nadel zerbrichst, die ich von der Mutter erhalten habe, welche meine *Eïngi* gegessen, die ich von unserm Baume gepflückt habe?« Da gab ihr der Vater ein Beil. Sie aber ging weiter und traf die Burschen, welche die Rinder hüteten. Sie waren damit beschäftigt, Honig auszunehmen, und um das tun zu können, mußten sie die Bäume mit Steinen fällen. Und sie sprach zu ihnen: »Ihr Söhne unsres

Hauses, warum gebraucht ihr Steine, um den Honig herauszubekommen? Weshalb sagt ihr denn nicht: ›Unsre Erstgeborene, gib uns das Beil!‹? Weigere ich mich denn, oder was tue ich?« Da sprachen sie: »Unsre Erstgeborene, gib uns das Beil!« Sie gab es ihnen und ging für ein Weilchen fort. Das Beil aber brach mitten entzwei.
Als die Kleine nun wiederkam, sprach sie: »Wo ist das Beil? Gebt es mir bitte.« Sie gaben zur Antwort: »Das Beil ist zerbrochen!« Da sagte sie: »Was soll es denn bedeuten, daß ihr das Beil zerbrecht, das ich von meinem Vater empfangen, der meine Nadel zerbrochen hat, die ich von der Mutter erhalten, welche meine *Eïngi* gegessen, die ich von unsrem Baume gepflückt habe?« Sie gaben ihr Honig, um sie zu trösten.
Nun ging sie weiter und traf ein altes Mütterchen, das Insekten aß. Zu dem aber sprach sie: »Mütterchen, warum ißt du Insekten? Weshalb sagst du nicht: ›Meine Erstgeborene, gib mir Honig!‹? Weigere ich mich denn, oder was tue ich?« Da bat das alte Mütterchen sie: »Meine Erstgeborene, gib mir Honig!« So gab sie ihr den Honig und ging davon; bald aber kehrte sie wieder und sprach: »Mütterchen, ich will meinen Honig haben!« Nun hatte die alte Frau während ihrer Abwesenheit allen Honig aufgegessen, darum gab sie zur Antwort: »Ach! Ich habe den Honig verspeist.«
Da beklagte sich das Kind und sprach: »Wie kommt's, daß du meinen Honig ißt, den ich von den Burschen erhalten habe, die unser Rindvieh hüten, von den Söhnen unsres Hauses, die mein Beil zerbrochen haben, welches der Vater mir gegeben, weil er meine Nadel zerbrochen, die ein Geschenk meiner Mutter war, welche die *Eïngi* gegessen, die ich von unserm Baume gepflückt habe.«
Da gab die alte Frau ihr Speise, und sie ging davon.
Diesmal kam sie zu den Fasanen, die in der Erde scharrten. Da sprach sie zu den Fasanen: »Was scharrt ihr doch in der Erde, Fasanen? Warum sagt ihr denn nicht: ›Erstgeborene, gib uns Speise!‹? Weigere ich mich, oder was tue ich?« Da sprachen sie: »Erstgeborene, gib uns Speise!« So gab sie ihnen denn die Speise und ging fort.
Als sie zurückkam und ihre Speise wiederverlangte, sagten sie: »Wir haben die Speise gegessen.« Da sprach sie: »Wie kann es sein, daß ihr meine Speise gegessen habt, die ich von einer alten Frau empfangen, die meinen Honig aufgegessen,

den ich von den Burschen bekommen habe, die unser Rindvieh warten; sie haben mein Beil zerbrochen, das mein Vater mir gegeben, weil er meine Nadel zerbrochen hat, die ein Geschenk meiner Mutter war, welche meine *Eingi* aufgegessen hat, die ich von unserm Baum gepflückt habe?« Da flogen die Fasanen auf, und ein jeder von ihnen zog sich eine Feder aus und warf sie dem kleinen Mädchen zu.

Sie aber ging weiter und kam zu den Kindern, die die Schafe hüteten; und sie zogen Haare aus den Schaffellen. Da fragte sie dieselben: »Was pflückt ihr an den Fellen? Weshalb sprecht ihr nicht: ›Erstgeborene, gib uns die Federn!‹? Weigere ich mich denn, oder was tue ich?« Sie sprachen: »Erstgeborene, gib uns die Federn.« So gab sie ihnen die Federn und ging davon, aber die Federn brachen alle. Sie kam nun wieder und sagte: »Gebt mir meine Federn!« Jene aber gaben zur Antwort: »Die Federn sind zerbrochen.« Da klagte sie: »Oh, brecht ihr die Federn entzwei, die ich von den Fasanen erhalten habe, welche meine Speise gegessen haben, die mir von einer alten Frau gegeben wurde!« Da gaben sie ihr Milch.

Sie machte sich nun wieder auf den Weg und fand ihren hübschen Haushund, wie er Knochen benagte. Sie sprach: »Du unser Hund, was nagst du an diesen Knochen?« Da gab der Hund zur Antwort: »So gib mir Milch.« Sie gab ihm die Milch, und er trank sie ganz auf. Da sprach sie zum Hund: »Gib mir meine Milch wieder!« Der sprach: »Ich trank sie.« Da wiederholte sie dieselben Worte, die sie schon so oft gesagt hatte; der Hund aber lief davon, und da sie ihn verfolgte, sprang er auf einen Baum. Sie stieg ihm nach, der Hund aber sprang an der andern Seite wieder herunter. Das wollte sie auch tun, konnte es aber nicht. Da sprach sie: »Lieber Hund, bitte, hilf mir herunter.« Der gab zur Antwort: »Warum hast du mich verfolgt?«, lief davon und ließ sie auf dem Baume sitzen.

»Das ist genug!« sagten die Damara.

# Sagen

## Heitsi-Eibip

*Heitsi-Eibip* oder *Kabip* war ein großer, berühmter Wundermann unter den Namaqua. Er war imstande, geheime Dinge zu enthüllen und im voraus zu verkünden, was später geschehen sollte.

Einmal ist er mit vielem Volke gezogen, und ein feindlicher Haufe jagte ihnen nach. Als sie nun an ein Wasser kamen, sprach er: »Du Vater meines Großvaters, öffne dich und laß mich hindurch; dann, bitte, schließe dich wieder!« Es geschah, wie er gesagt, und sie kamen sicher hindurch. Da versuchten die Feinde denn auch durch die Öffnung hindurchzukommen; da sie aber mitten drinnen waren, schloß sie sich über ihnen, und sie kamen um.

*Heitsi-Eibip* oder *Kabip* ist mehrere Male gestorben und wieder lebendig geworden. Wenn die Hottentotten an einer der Stellen vorbeikommen, wo er begraben sein soll, so werfen sie einen Stein auf das vermeintliche Grab, wodurch sie glauben, sich Glück zu verschaffen.

*Heitsi-Eibip* konnte allerlei verschiedene Gestalten annehmen. Bald erschien er schön, ja sehr schön; dann wurde sein Haar lang, daß es ihm bis über die Schultern hing, zu andern Zeiten wurde es wiederum ganz kurz.

## Der Sieg des Heitsi-Eibip

Zuerst waren es ihrer zwei. Der eine hatte ein großes Loch in die Erde gegraben und saß dabei. Wenn nun Leute vorüberzogen, so forderte er sie auf, ihm einen Stein an die Stirn zu schleudern. Versuchten sie dies, so prallte der Stein ab und tötete denjenigen, der ihn geworfen hatte; der fiel dann in das Loch.

Endlich kam es *Heitsi-Eibip* zu Ohren, daß auf diese Weise viele Menschen umkämen. Da machte er sich auf und kam zu dem Mann; der richtete denn auch an *Heitsi-Eibip* die Aufforderung, nach ihm zu werfen.
Der indessen war viel zu klug dazu und weigerte sich; er lenkte vielmehr die Aufmerksamkeit des andern auf einen seitlich von ihm liegenden Gegenstand, und während jener sich danach umsah, traf *Heitsi-Eibip* ihn hinter dem Ohr, daß er starb und in sein eigenes Loch fiel.
Seitdem herrschte Frieden im Lande, und die Menschen lebten glücklich und zufrieden.


## Heitsi-Eibips Sieg
*(andere Überlieferung)*

— — — Alle Menschen, welche jener Grube nahekamen, stieß der *Gãgorip* (der In-die-Grube-Stoßer) hinein, da ihm die Lage wohlbekannt war. Inzwischen kam der *Heitsi-Eibip* (auch *Heigeip* genannt) und sah, wie der *Gãgorip* mit den Leuten umging.
Da begannen die beiden, einander um die Grube herumzujagen, wobei sie riefen:
»Stoß den *Heigeip* hinunter!«
»Stoß den *Gãgorip* hinunter!«
»Stoß den *Heigeip* hinunter!«
»Stoß den *Gãgorip* hinunter!«
Mit diesen Worten jagten sie einander eine Zeitlang um die Grube herum, endlich aber wurde der *Heigeip* hinuntergestoßen. Da sprach er zur Grube: »Unterstütze mich ein wenig!«, und sie tat es. So unterstützt kam er heraus, da jagten sie einander wieder mit denselben Worten:
»Stoß den *Heigeip* hinab!«
»Stoß den *Gãgorip* hinab!«
Zum zweiten Male ward der *Heigeip* hinabgestoßen und sprach die gleichen Worte: »Unterstütze mich ein wenig, o Grube!« und kam so wieder heraus.
Noch einmal jagten die beiden einander herum, bis endlich der *Gãgorip* hinabgestoßen wurde. Der kam aber nicht wieder heraus. Seit jenem Tag atmeten die Menschen wieder frisch auf und hatten Ruhe vor ihrem Feind, der überwunden war.

## Der Rosinenesser

Als *Heitsi-Eibip* mit seiner Familie einst eine Reise machte, kamen sie in ein Tal, wo der Rosinenbaum reif war; dort wurde er von einer schweren Krankheit befallen.
Da sprach seine junge Frau (die zweite): »Dieser Tapfre hat von den Rosinen dieses Tales gekostet und ist von schwerer Krankheit befallen. Dies ist der Ort des Todes.«
*Heitsi-Eibip* aber sprach zu seinem Sohn *Urisip* (dem Weißlichen): »Ich werde nicht leben bleiben, ich fühle es; nun sollst du mich, wenn ich tot bin, mit platten Steinen leicht bedecken.«
Und weiter sprach er: »Folgendes befehle ich euch: Von den Rosinen dieses Tales sollt ihr *nicht* essen. Denn wenn ihr von ihnen eßt, so werde ich euch anstecken, und ihr werdet sicherlich auch sterben.«
Da sprach sein junges Weib: »Er ist erkrankt, weil er von den Rosinen dieses Tales gegessen hat. Laßt uns ihn schnell begraben und dann fortgehen!«
Und er starb; sie bedeckten ihn, wie er befohlen, sanft mit platten Steinen. Dann verließen sie die Stelle.
Als sie nun zu einem andern Platz gezogen waren und dort ihre Habseligkeiten abgeladen hatten, vernahmen sie beständig auf der Seite, von der sie gekommen waren, ein Geräusch, als ob Leute Rosinen äßen und dazu sängen. So hörte das Essen und Singen sich an:

»Ich, des *Urisip* Vater,
Dieses Unsaubern Vater,
Der ich diese Rosinen esse,
Und, obschon gestorben, dennoch lebe.«

Die junge Frau bemerkte, daß das Geräusch von der Seite herkam, wo sich des alten Mannes Grab befand, und sie sprach: »*Urisip*, geh und sieh nach!« Darauf ging der Sohn zum Grabe des Vaters, wo er Fußspuren erblickte und sie als die seines Vaters erkannte. Er kehrte nach Hause zurück. Da sprach die junge Frau: »Das kann nur er sein, darum handle so:

So tu dem Mann, der Rosinen ißt auf der Windseite!
Achte auf den Wind, daß von unterhalb du dich ihm näherst;
Dann schneide ihm den Weg ab zum Grabe,
Und hast du ihn ergriffen, so halte ihn fest!«

So tat er denn. Als er nun zwischen das Grab und *Heitsi-Eibip* kam, bemerkte ihn dieser, sprang vom Rosinenbaum herunter und eilte schleunigst davon, aber am Grab wurde er ergriffen. Da sprach er: »Laßt mich los! Ich bin ein Mann, der tot gewesen ist, auf daß ich euch nicht anstecke!« Sein junges Weib aber sprach: »Halte den Schurken fest!«
So brachten sie ihn heim, und seit jenem Tage war er wohl und munter.


## Woher stammt der Unterschied in der Lebensweise der Hottentotten und der Buschmänner

Im Anfang sind es zwei gewesen. Der eine war blind, der andere war beständig auf der Jagd. Dieser Jäger findet schließlich eine Grube in der Erde, aus welcher Wild hervorkommt, und er schießt die junge Brut tot. Der Blinde befühlt und beriecht sie und erklärt dann: »Das ist kein Wild, das sind Rinder.«
Später erlangte der Blinde sein Augenlicht wieder, ging mit dem Jäger zu der Grube und bemerkte, daß es Kühe mit ihren Kälbern wären. Da baute er denn hurtig einen Kral (d. h. eine Dornenhecke oder biblisch »Hürde«) um diese herum und beschmierte sich das Haupt mit Fett und rotem Pulver, wie es die alten, unverfälschten Hottentotten noch zu tun pflegen.
Als der andere, der jetzt mit großer Mühe sein Wild suchen mußte, hinzukam und dies sah, wollte er sich auch salben. »Sieh!« sagte der eine, »du mußt die Salbe erst ins Feuer werfen und dann brauchen.« Er folgte diesem Rat; da schlugen die Flammen ihm ins Gesicht und verbrannten ihn ganz jämmerlich, so daß er froh war, sich aus dem Staube machen zu können. Der eine aber rief ihm nach: »Da! Nimm doch den Kirri (d. h. einen Knüppel) mit und eile zu den Bergen, Honig zu erjagen!«
Hiervon stammen die Buschmänner.

# Fabeln

### Der Ursprung des Todes

Der Mond, so wird erzählt, ließ einst ein kleines Tierchen zu sich kommen und sprach: »Geh zu den Menschen und sage ihnen: Wie ich sterbe und sterbend lebe, so sollt auch ihr sterben und im Sterben leben!«
Das Tierchen schlich mit der Botschaft seines Weges dahin; da ward es von dem Hasen eingeholt, der es fragte: »Was suchst du denn?« Da gab das Tierchen zur Antwort: »Ich bin vom Mond zu den Menschen gesandt, um ihnen zu sagen, daß, wie er stirbt und sterbend lebt, so sollen sie auch sterben und im Sterben leben.« Da sagte der Hase: »Da du ein langsamer Bote bist, so laß mich nur statt deiner gehen, die Botschaft auszurichten.«
Mit diesen Worten eilte er davon, und als er zu den Menschen gekommen war, sagte er: »Ich bin vom Mond gesandt, euch zu sagen: Wie ich sterbe und, wenn gestorben, für immer tot bin, so sollt auch ihr sterben und im Tode vergehen!«
Darauf ging der Hase zum Mond zurück und berichtete ihm, was er den Menschen gesagt. Da ward der Mond zornig und schalt den Hasen folgendermaßen: »Wie darfst du es wagen, den Leuten etwas zu verkünden, das ich gar nicht gesagt habe?« Bei diesen Worten ergriff er ein Stück Holz und schlug ihn auf die Nase. Seit jenem Tag ist des Hasen Nase gespalten.

### Der Ursprung des Todes
*(andere Überlieferung)*

Der Mond stirbt und wird wieder lebendig. Der Mond sprach zum Hasen: »Gehe zu den Menschen und sage ihnen: Wie ich sterbe und wieder lebendig werde, so sollt auch ihr sterben und wieder lebendig werden!«

Der Hase ging zu den Menschen und sagte: »Wie ich sterbe und *nicht* wieder lebendig werde, so sollt auch ihr sterben und *nicht* wieder lebendig werden.«

Als er zurückkam, fragte der Mond: »Was für eine Botschaft hast du denn den Menschen gebracht?« »Ich habe gesagt: Wie ich sterbe und *nicht* wieder lebendig werde, so sollt auch ihr sterben und *nicht* wieder lebendig werden.«

»Was?« rief der Mond, »das hast du gesagt?«, und er nahm einen Stock und schlug ihn auf den Mund; da spaltete sich sein Mund. Der Hase aber floh und flieht noch.


## Der Ursprung des Todes
*(dritte Überlieferung)*

Einst sandte der Mond den Hasen auf die Erde, um den Menschen zu verkünden, daß wie er (nämlich der Mond) hinstürbe und wieder lebendig würde, so sollte auch ein jedes Menschenkind sterben und wieder lebendig werden.

Anstatt aber nun die Botschaft genau auszurichten, sagte der Hase, sei es nun aus Vergeßlichkeit oder aus Böswilligkeit, den Menschen, daß, wie der Mond erschiene und hinstürbe, so sollten auch die Menschen sterben und *nicht* wieder lebendig werden.

Als der Hase dann zum Monde zurückgekehrt war, wurde er von demselben befragt, ob er seine Botschaft ausgerichtet habe. Wie der Mond erfuhr, was der Hase getan, ward er so zornig, daß er ein Beil ergriff, um ihm den Kopf zu spalten. Da der Schlag aber zu kurz geführt wurde, so fiel das Beil auf die Oberlippe des Hasen nieder und verletzte diese nicht unbedeutend. Daher stammt nun die sogenannte Hasenscharte, welche noch jetzt zu sehen ist.

Da der Hase über eine solche Behandlung höchst empört war, nahm er seine Nägel zu Hilfe und zerkratzte damit des Mondes Antlitz. Die dunklen Partien, die wir noch jetzt an der Oberfläche des Mondes wahrnehmen, sind die Schrammen, die er bei dieser Gelegenheit erhielt.

# Der Ursprung des Todes
*(vierte Überlieferung)*

Der Mond, so erzählt man, wünschte eine Botschaft an die Menschen zu senden, und der Hase sagte, er wolle sie überbringen. »Eile denn«, sprach der Mond, »und sage den Menschen, daß, wie ich dahinsterbe und wieder erneuert werde, so sollen sie auch wieder erneuert werden.«

Der Hase aber betrog die Menschen und sagte: »Wie ich sterbe und vergehe, so sollt auch ihr's!«

# Was sich die Zulus vom Ursprung des Todes erzählen

Gott *(Unkulunkulu)* stieg von unten (dem Sitze der Geisterwelt nach der Anschauungsweise der Zulus) empor und schuf im Anfang Menschen, Tiere und alle Wesen. Dann rief er das Chamäleon und sprach zu ihm: »Geh, Chamäleon, und sage den Menschen: Sie sollen nicht sterben!«

Das Chamäleon machte sich auf, aber es ging gar langsam und säumte auf dem Wege, um von einem Strauche, *Bukwebezane* genannt, zu schmausen.

Als es ein Weilchen fort war, sandte ihm Gott den Salamander nach und gebot ihm, schnell zu laufen, um den Menschen zu verkünden, daß sie sterben sollten. Der Salamander machte sich mit dieser Botschaft auf den Weg, überholte das Chamäleon, kam zuerst bei den Menschen an und verkündete ihnen, sie müßten sterben.

# Die Sonne und das Pferd

Einst war, so erzählt man, die Sonne auf Erden, die nahm sich das Pferd und ritt auf ihm. Das Pferd war aber nicht im Stande, das Gewicht der Sonne zu tragen, und deshalb trat der Ochse an seine Stelle und trug die Sonne auf dem Rükken. Seit jenem Tag ist das Pferd mit folgendem Fluche belegt, weil es der Sonne Gewicht nicht tragen konnte:

»Von heut ab, sollst du eine bestimmte Todeszeit haben;[1]

---

[1] Von Januar bis März herrscht jährlich fast regelmäßig im Namaqualand eine Pferdeseuche, die den größten Teil der Tiere hinwegrafft, wenn

Dies ist Dein Fluch, daß dir eine bestimmte Todeszeit gesetzt ist;
Und Tag und Nacht sollst du essen,
Aber die Begierde deines Herzens soll nicht gestillt werden,
Ob du auch grasest bis zum Morgengrauen, und abermals bis gen Sonnenuntergang!
Siehe, das ist das Urteil, welches ich dir auferlege.«

So sprach die Sonne. — Seit jenem Tage nahm des Pferdes bestimmte Todeszeit ihren Anfang.


## Warum hat der Schakal einen langen schwarzen Streifen auf dem Rücken?

Die Sonne, so erzählt man, befand sich einst auf der Erde. Die Menschen waren damals gerade im Umzug begriffen und sahen sie wohl am Wege sitzen, gingen aber, ohne sie zu beachten, vorüber.
Der Schakal aber, der hinter ihnen herkam und die Sonne auch da sitzen sah, ging zu ihr und sprach: »Solch ein hübsches Kindlein lassen die Menschen zurück?«
Er hob die Sonne dann auf und steckte sie in das Awafell, das er auf dem Rücken trug. Da es ihn aber brannte, sprach er: »Komm herab!« und schüttelte sich; die Sonne klebte aber auf seinem Rücken fest und brannte von dem Tag an des Schakals Rücken schwarz.


sie nicht während dieser Zeit zur Vorsicht aus dem Innern nach *Aus* gesandt werden. Dies *Aus* liegt in dem schmalen Landstrich längs der Seeküste, der nicht wie der übrige Teil des Landes Gewitterregen, sondern, wie die Kolonie, Seeregen hat. Man schreibt das Entstehen der Seuche den Tautropfen zu, die in der Gewitterregenzeit morgens auf den Grashalmen glänzen und giftig sein sollen. Der Tod erfolgt sehr plötzlich nach dem Genuß dieses betauten Grases.

## Des Löwen Niederlage

Die wilden Tiere waren einst, so erzählt man, bei dem Löwen versammelt. Als der Löwe schlief, gab der Schakal dem kleinen Fuchs den Rat, er solle einen langen Strick von Straußensehnen drehen, um damit dem Löwen einen Streich zu spielen. So nahmen sie Straußensehnen, drehten sie zusammen und befestigten den Strick an dem Schwanz des Löwen und das andere Ende an einem Busch. Als der Löwe erwachte und bemerkte, daß er festgebunden war, wurde er zornig und rief die Tiere zusammen. Als sie versammelt waren, sprach er folgende Beschwörungsformel aus:

»Welches Kind der Liebe seines Vaters und seiner Mutter, Welcher Liebessprößling des Vaters und der Mutter hat mich angebunden?«

Da antwortete das Tier, dem die Frage zuerst vorgelegt war:

»Ich, Kind der Liebe meiner Mutter und meines Vaters, Ich, Mutters und Vaters Liebessprößling, habe es nicht getan.«

Alle antworteten dasselbe. Als er aber den kleinen Fuchs fragte, sagte dieser:

»Ich, Kind der Liebe meiner Mutter und meines Vaters, Ich, Mutters und Vaters Liebessprößling, habe dich angebunden!«

Da zerriß der Löwe den aus Sehnen geflochtenen Strick und jagte den kleinen Fuchs hinterdrein. Der Schakal aber sagte:

»Mein Junge, du Sohn der hageren Füchsin,
Du wirst nimmer ergriffen werden!«

Und in der Tat blieb der Löwe im Laufen hinter dem kleinen Fuchs zurück.


## Der überlistete Löwe

Der Löwe grollte dem Schakal, weil er ihm einen Streich gespielt hatte. Der Schakal wich daher dem Löwen aus. Der Löwe aber überraschte ihn eines Tages am Fuße eines Felsens, wo an kein Entweichen zu denken war. Pfeilschnell jedoch sprang der Schakal an den Felsen heran, stellte sich mit den Vorderfüßen gegen denselben und rief aus vollem Halse den Löwen zu Hilfe. »Was gibt's?« fragte der Löwe. »Was gibt's!« erwiderte der Schakal, »siehst du denn nicht, daß der Felsen gleich einstürzt? Komm her, stelle dich gegen ihn und halte ihn, bis ich einen Stock geholt habe, um ihn damit zu stützen.« Der Löwe tat, wie geheißen, und so entkam ihm der Schakal.

## Die Jagd des Löwen und des Schakals

Der Löwe und der Schakal, so sagt man, belauerten einst Elende, und der Löwe schoß mit dem Bogen und schoß fehl; der Schakal aber traf und rief: »Haha!« Da sprach der Löwe: »Hei! Du hast nichts geschossen; *ich* traf.« Da sprach der Schakal: »Jawohl, mein Vater, *du* hast getroffen!« Und sie gingen heim, um, wenn das Elend tot wäre, zurückzukommen und es zu zerlegen. Der Schakal aber kehrte ohne Wissen des Löwen um, schlug sich auf der Elendsspur die Nase blutig und verfolgte naseblutend die Spur der nicht verwundeten Elende, um den Löwen zu betrügen. Und als er eine gute Strecke gegangen war, kehrte er auf einem anderen Wege um und kam zum toten Elend, in das er dann hineinkroch und sich alles Fett herausschnitt. Inzwischen folgte der Löwe der Spur, die der Schakal blutig gefärbt hatte, in der Meinung, es sei des Elends Blutspur, und erst als er schon eine gehörige Strecke gegangen war, kam er dahinter, daß er betrogen war. Er kehrte dann auf des Schakals Spur um und kam zu dem toten Elend, und als er in dessen Bauch den Schakal erblickte, ergriff er ihn beim Schwanz und zog ihn mit einem Schwung heraus.
Der Löwe schalt den Schakal: »Warum betrügst du mich?« Da sprach der Schakal: »Nein, mein Vater, ich betrüge dich nicht; das weißt du wohl, denke ich. Sieh! Dieses Fett habe ich für *dich*, mein Vater, zurechtgemacht!« Der Löwe sprach: »So nimm das Fett und geh und bring es deiner Mutter!« (der Löwin); und er gab ihm außer dem Fett noch die Lungen, um die letzteren seiner eignen Frau (der Schakalin) und seinen Kindern zu geben.

Als der Schakal zu Hause ankam, gab er das Fett nicht der Löwin, sondern seinem eigenen Weib und seinen Kindern; die Lungen hingegen gab er der Frau des Löwen, und bewarf des Löwen Kinderchen mit den Lungen und beschimpfte sie:
»Ihr Großpfotenkinder, ihr Großpfoten!«
Und zu des Löwen Frau sprach er: »Ich gehe meinem Vater helfen!« Er ging aber mit Frau und Kindern ganz weg.

## Des Löwen Anteil

Der Löwe und der Schakal gingen einst zusammen auf die Jagd. Sie schossen mit Pfeilen. Der Löwe schoß zuerst, aber sein Pfeil erreichte das Ziel nicht; der Schakal traf das Wild und schrie vor Freude: »Getroffen!« Der Löwe sah ihn mit seinen zwei großen Augen an, der Schakal aber faßte sich gleich und sagte: »Nein, ich meine, Ohm, daß du getroffen hast!« Sie gingen dann zu dem Wild, und der Schakal ließ den Pfeil des Löwen unbemerkt liegen. Als sie an einen Kreuzweg kamen, sagte der Schakal: »Lieber Ohm! Du bist alt und müde, bleibe hier!« Der Schakal ging dann den verkehrten Weg, schlug sich auf die Nase, ließ das Blut auf die Spur des Wildes träufeln und kehrte wieder zurück. »Ich konnte nichts finden«, sagte er, »obschon ich Blutspuren sah. Willst du nicht selbst gehen und genauer nachsehen? Ich will dann einen andern Weg gehen.«
Der Schakal fand nun bald das geschossene Tier, kroch hinein und fraß das Beste davon. Sein Schwanz blieb aber draußen; und als der Löwe nun kam, faßte er denselben, zog den Schakal heraus und warf ihn auf die Erde mit den Worten: »Du Schelm!« Der Schakal sprang geschwind wieder auf und fragte klagend: »Was habe ich denn jetzt wieder getan, lieber Ohm? Ich war beschäftigt, das Beste für dich herauszuschneiden!« »Nun laß uns gehen und unsre Frauen holen!« sagte der Löwe, aber der Schakal bat den lieben Ohm dazubleiben, da er ja doch bei seinem Alter nicht mehr so schnell laufen könne. Darauf kriegte der Schakal zwei Portionen Fleisch mit, die eine für *seine* Frau, die andere, die viel besser war, sollte er der Frau des Löwen bringen. Als der Schakal nun mit dem Fleisch ankam, sahen die Kinder des Löwen ihn

kommen, hüpften ihm entgegen und schrien: »Da kommt Ohm mit Fleisch!« Der Schakal brummte ihnen etwas zu, indem er ihnen die schlechteste Portion hinwarf und dabei sagte: »Da, ihr Großaugenbrut!«
Er ging darauf nach Hause und sagte seiner Frau, sie solle gleich das Haus abbrechen und zu dem geschossenen Wild kommen. Die Löwin wollte dasselbe tun, aber er verbot es ihr, indem er sagte, der Löwe wolle selbst kommen und sie abholen. Als der Schakal nun mit Frau und Kindern in die Nähe des Wildbrets kam, lief er in einen Dornbusch hinein und ließ sich von den Dornen das Gesicht zerkratzen. Er kam blutend bei dem Löwen an und sagte: »Ach, du hast eine schöne Frau! Sieh, wie sie mir das Gesicht zerkratzt hat, als ich ihr sagte, daß sie mitkommen sollte. Du mußt sie selbst holen, ich kann sie nicht bringen.«
Der Löwe ging zornig nach Hause. »Schnell!« sagte der Schakal nun, »laßt uns einen Turm bauen!« Und sie legten Stein auf Stein, Stein auf Stein, Stein auf Stein, bis er ganz hoch wurde; dann wurde alles hinaufgetragen. Als der Schakal nun von seiner hohen Warte den Löwen mit Frau und Kindern kommen sah, rief er ihm zu: »Ohm! während du fort warst, haben wir einen Turm gebaut, um das Wild besser sehen zu können.« »Ja«, sagte der Löwe, »laß mich nur hinaufkommen.« »Ja, lieber Ohm, wie willst du aber hier hinaufkommen? Wir werden einen Riemen hinablassen müssen.« Der Riemen wird dann herabgelassen, der Löwe bindet sich daran fest und wird hinaufgezogen; aber als er beinahe oben ist, schneidet der Schakal den Riemen durch und sagt, scheinbar erschrocken, zu dem hinunterstürzenden Löwen: »Oh, wie schwer bist du, lieber Ohm! Hole einen neuen Riemen, Frau!« »Einen alten!« sagt er gleich darauf leise zu ihr. Der Löwe wird dann wieder hinaufgezogen, aber es geht diesmal wiederum so. »Nein«, sagt der Schakal, »das geht nicht! Aber du mußt doch so weit hinaufkommen können, daß du einen Mund voll bekommen kannst.« Er gibt nun laut den Befehl an seine Frau, ein gutes Stück zuzubereiten, aber leise sagt er zu ihr, sie solle einen Stein glühend machen und mit Fett umwickeln. Er zieht alsdann den Löwen wieder hinauf, schreit, es werde ihm zu schwer, ihn länger zu halten, und bittet ihn deshalb, den Mund aufzutun; er wirft ihm den glühenden Stein in den Rachen. Der Löwe verschlingt ihn, der Schakal aber beschwört ihn, schnell zum Wasser zu laufen.

## Die Schakalshochzeit

Der Schakal heiratete, so erzählt man, eine Hyäne und raubte den Ameisen eine Kuh, um sie zur Hochzeit zu schlachten; und als er sie geschlachtet, bedeckte er die Hyäne mit dem Kuhfell. Nachdem er einen Pfahl (zum Aufhängen des Fleisches) eingegraben und das Fleisch aufgehängt hatte, errichtete er oben auf dem gezackten Pfahle den Kochherd, um darauf alle möglichen angenehmen Speisen zu kochen. Später kam auch der Löwe dorthin und wollte hinauf. Da verlangte der Schakal von seinem Töchterchen einen Riemen, um den Löwen hinaufzuziehen. Er zog ihn hoch, und als sein Gesicht dem Kochtopf nahe kam, schnitt er, ohne daß der Löwe es merkte, den Riemen entzwei, und so stürzte der Löwe hinunter. Da schalt der Schakal sein Töchterlein: »Warum gibst du mir einen so alten Riemen? Gib mir einen neuen!« Da gab sie ihm einen neuen Riemen, und der Schakal zog den Löwen abermals hinauf. Als nun sein Gesicht dem Kochtopf nahe kam, sagte der Schakal: »Sperre den Rachen auf!«, und er steckte ihm einen mit Fett bestrichenen heißen Quarzstein in den Rachen, der ihm inwendig alles verbrannte. So starb der Löwe.

Da kamen auch die Ameisen, die ihre Kuh suchten, und als der Schakal sie sah, floh er. Die Ameisen schlugen dann die Hyäne in ihrem Brukarosgewand. In der Meinung, es sei der Schakal, sagte die Hyäne:

> »Du Fahler! Hast du noch nicht genug Schlagens mit mir gespielt?«
> Spiele nun doch mit mir ein Liebesspiel!«

Da biß sie ein Loch in die Kuhhaut und sah, daß es andere Leute waren; und sie floh davon, hier fallend, dort fallend, aber sie entkam doch.

## Die Schlange

Es war einmal ein Weißer, so erzählt man, der traf eine Schlange, auf die ein großer Stein gefallen war, so daß sie sich nicht aufrichten konnte. Da hob der Weiße den Stein von der Schlange auf. Als er ihn aber aufgehoben hatte, wollte die Schlange ihn beißen. Der Weiße sagte jedoch: »Halt! Laß

uns beide erst zu klugen Leuten gehen!« So gingen sie denn und kamen zur Hyäne. Der Weiße fragte sie: »Ist es wohl recht, daß die Schlange mich nun beißen will, obwohl ich ihr half, da sie hilflos unter dem Stein lag?« Die Hyäne erwiderte: »Nun, was wäre das denn Großes, wenn du gebissen würdest?« Da wollte ihn die Schlange beißen, aber der Weiße sprach wieder: »Warte erst, und laß uns zu andern klugen Leuten gehen, damit ich höre, ob es auch recht ist!«
Als sie weiter gingen, trafen sie den Schakal. Da redete der Weiße den Schakal an: »Ist's wohl recht, daß die Schlange mich beißen will, obschon ich den Stein aufhob, der auf ihr lastete?« Der Schakal erwiderte: »Ich kann es mir gar nicht vorstellen, daß die Schlange so vom Stein bedeckt sein konnte, daß sie nicht imstande war aufzustehen. Nur wenn ich's mit meinen eigenen Augen sähe, würde ich's glauben. Kommt, wir wollen uns auf den Weg machen und zusehen, ob's möglich ist.«
So machten sie sich denn alle auf und gingen zu der Stelle, wo es geschehen war. Dort angekommen sprach der Schakal: »Schlange, lege dich nieder und laß dich mit dem Stein bedecken.« Da legte der Weiße den Stein auf sie, und obschon sie sich sehr anstrengte, konnte sie doch nicht aufstehen. Der weiße Mann wollte den Stein wieder aufheben, aber der Schakal sprach: »Laß sie nur liegen, sie wollte dich ja beißen; sie mag allein aufstehen!«
Und beide gingen davon.


## Die Schlange
*(andere Überlieferung)*

Ein Holländer, der allein seines Wegs ging, sah eine Schlange unter einem großen Stein liegen. Die Schlange bat ihn um Hilfe, aber als er sie befreit hatte, sagte sie: »Nun will ich dich fressen!« Der Mann antwortete: »Das ist aber nicht recht! Laß uns erst zum Hasen gehen!«
Als dieser die Geschichte gehört hatte, sagte er: »Das ist ganz recht!« »Nein!« sagte der Mann, »laß uns die Hyäne fragen!« Die Hyäne sagte dasselbe: »Das ist ganz recht!« »Nun laß uns noch den Schakal fragen!« schrie der Mann in seiner Verzweiflung.

Der Schakal schüttelte bedächtig sein Haupt, zog die ganze Geschichte in Zweifel und verlangte erst den Ort zu sehen, um beurteilen zu können, ob der Mann wirklich imstande sei, den Stein zu heben. Die Schlange legte sich dann nieder, und zum Beweise der Wahrheit legte der Mann den Stein wieder auf sie. Als sie nun erneut festlag, sagte der Schakal: »Nun laß sie nur liegen!«


## Die Schlange
*(dritte Überlieferung)*

Ein Pavian suchte sich einst nach der Art der Paviane Nahrung zwischen den Steinen auf einem Berge. Als er einen Stein umdrehte, um Insekten zu finden, legte er eine Schlange bloß, welche die Ruhestörung verdroß, und die deshalb sogleich den Pavian beißen wollte. Zu Tode erschrocken bat der Pavian die Schlange tausendmal um Verzeihung für das, was er getan hatte; aber die erzürnte Schlange wollte nichts hören, sondern bestand darauf, den Pavian beißen zu wollen.

Der Streit wäre bald übel für den Pavian abgelaufen, als ein Schakal zufällig dahertrabte und sogleich von beiden streitenden Parteien angehalten wurde, die ihm die Entscheidung über ihren Streit übertrugen. Der Schakal mochte keinen von beiden recht leiden, fürchtete sich aber am meisten vor der Schlange und sagte, daß, ehe er die Sache sich vorlegen lasse, er in den Stand gesetzt werden müsse, sich ein richtiges Urteil zu bilden. Deshalb sollten zunächst die streitenden Parteien sich in dieselbe Lage begeben, in der sie waren, ehe sich dieser Streit zwischen ihnen erhob.

Darauf begab sich die Schlange wiederum in ihre alte Stellung, und der Pavian deckte sie mit einem Stein zu. Dann fragte der Schakal die Schlange, ob sie nicht herauskommen könnte. Die Schlange versuchte es und sagte: nein, sie könnte nicht. Noch einmal fragte sie der Schakal, um seiner Sache ganz sicher zu sein, aber die Schlange gab dieselbe Antwort. Darauf sagte der Schakal zum Pavian: »Ich rate dir, den Sachbestand zu lassen, wie er jetzt ist«, und damit gingen beide ihrer Wege.

# Der Wolkenschmaus

### Die Hyäne

*Du, der du dem Tumult entweichst,*
*Du weiter, geräumiger Busch,*
*Der du etwas mitkriegst, wie mühsam auch,*
*Du an den Knöcheln gespannte Kuh,*
*Du, der du einen dickrunden Knöchel hast,*
*Du dickhaariger Nacken,*
*Du naßgegerbtes Fell,*
*Du, der du einen rundgeschwollnen Hals hast,*
*Du Namafresser,*
*Du Dickäugiger!*

Der Schakal und die Hyäne, so erzählt man, waren beisammen, als eine weiße Wolke aufzog. Da stieg der Schakal hinauf und aß, als sei es Fett, von der Wolke. Als er hinunter wollte, sagte er zu der Hyäne: »Meine Schwester Rechtauf, da ich dir auch etwas lassen will, fange mich recht hübsch auf!« Da fing sie ihn auf; dann folgte sie seinem Beispiel und aß auch dort oben. Als sie satt war, sprach sie: »Mein Bruder, du Fahler, fange mich nun hübsch auf.« Da antwortete der Fahle der Freundin: »Schwester Rechtauf! Ich werde dich schon gut auffangen; komm nur herab!« Da hielt der Schakal die Hände auf, und die Hyäne kam von der Wolke herunter. Als sie nun nahe war, rief der Schakal, indem er, wie vor Schmerz, beiseite sprang: »Schwester Rechtauf, verüble es mir nicht! O wehe! o wehe! o wehe! Ein Dorn hat mich gestochen und sitzt nun fest!« Da stürzte die Hyäne herunter.
Seit jenem Tage, sagt man, ist der Hyäne linker Hinterfuß kürzer und kleiner als der rechte.

### Die Hyäne
#### nach der Rückkehr vom Raube zu ihren Jungen, wegen überstandener Gefahren

*Das Feuer, es kommt ja,*
*Der Stein, er kommt ja,*
*Der Assagai, er kommt ja,*
*Die Flinte, sie kommt ja,*
*Und doch suchet ihr Nahrung bei mir,*
*Meine Kinder —*
*Wird mir's etwa ohne Mühe?*

## Der Fischdiebstahl

Einst sah der Schakal, der an der Grenze der Kolonie lebte, einen Wagen von der Küste kommen, der mit Fischen beladen war. Er machte den Versuch, auf den Wagen von hinten hinaufzusteigen, aber es war ihm nicht möglich; da eilte er demselben voraus und legte sich auf den Weg nieder, als wenn er tot wäre. Als der Wagen ihm nahe kam, rief der Leiter des Gespanns[2] dem Kutscher zu: »Da liegt ein schöner Pelz für deine Frau!« »Wirf's in den Wagen!« rief der Kutscher. So wurde der Schakal in den Wagen geworfen.

Während der Wagen in der mondhellen Nacht dahinfuhr, warf der Schakal die Fische auf die Straße, sprang dann selbst hinunter und brachte ein gut Teil in Sicherheit. Aber eine einfältige alte Hyäne, die hinzukam, verzehrte mehr als ihren Anteil, was der Schakal ihr nicht verzieh. So sagte er denn zu ihr: »Du kannst auch Fische genug bekommen, wenn du dich vor einen Wagen legst und, was auch geschehen mag, dich ganz still verhältst.« »Jawohl!« brummte die Hyäne; darauf streckte sie sich, sobald wieder ein Wagen von der Küste herkam, auf den Weg hin. »Was für ein garstiges Geschöpf ist das?« rief der Leiter und stieß die Hyäne mit dem Fuß an; dann nahm er einen Stock und schlug sie halbtot. Die Hyäne tat, wie ihr der Schakal gesagt hatte, und lag still, solange sie es aushalten konnte. Dann stand sie auf und humpelte davon, um dem Schakal ihr Leid zu klagen, der sie zum Schein tröstete.

»Wie schade!« rief die Hyäne, »daß ich kein so hübsches Fell habe wie du!«


## Wer war der Dieb?

Der Schakal und die Hyäne verdingten sich einst als Knechte bei demselben Herrn. Mitten in der Nacht stand der Schakal auf, bestrich den Schwanz der Hyäne mit ein wenig Fett,

---

[2] In Südafrika ist es Sitte, zwölf bis sechzehn, ja zwanzig Ochsen vor einen Wagen zu spannen. Gewöhnlich leitet ein junger Bursche sie, indem er vor ihnen hergeht und die Zügel des ersten Paares hält. Dieser wird »Leiter« genannt. Dagegen regiert der vorn auf dem Wagen sitzende »Kutscher« ohne Zügel, nur mit einer gewaltig langen Peitsche seine vierbeinigen Untertanen.

und aß dann alles übrige Fett auf, das er im Hause fand. Am Morgen vermißte der Mann sein Fett und beschuldigte sofort den Schakal, es verzehrt zu haben. »Guck nach dem Schwanz der Hyäne!« sagte der Schelm, »dann wirst du sehen, wer der Dieb ist.« Das tat der Mann und schlug die Hyäne halbtot.


## Der kranke Löwe

Der Löwe, sagt man, war krank; da gingen sie alle, ihn in seinen Leiden zu besuchen; der Schakal aber ging nicht hin, weil die Spuren der Leute, die hingingen, um ihn zu besuchen, nicht wieder zurückkehrten. Da wurde er von der Hyäne bei dem Löwen verklagt. »Obschon *ich* gekommen bin, dich zu besuchen, will doch der Schakal nicht kommen, dich in deinen Leiden zu besuchen.« Da schickte der Löwe die Hyäne, um den Schakal zu fangen. Das tat sie und brachte ihn vor den Löwen. Der Löwe fragte den Schakal: »Warum kamst du denn nicht, nach mir zu sehen?«
Der Schakal gab zur Antwort: »Bitte, lieber Onkel; als ich hörte, daß du so schwer krank seiest, ging ich zum Zauberdoktor, um Rat zu holen und ihn zu fragen, was für eine Arznei meinen Onkel von seinen Schmerzen heilen würde. Der Doktor aber sagte so zu mir: ›Geh und sage deinem Onkel, er möge die Hyäne ergreifen, ihr das Fell abziehen und, wenn es noch warm wäre, es anlegen; dann werde er besser werden.‹[3] Die Hyäne ist so nichtsnutzig, daß sie sich gar nicht um die Leiden meines Onkels kümmert.«
Der Löwe folgte diesem Rat, ergriff die Hyäne, zog ihr, während sie aus Leibeskräften heulte, das Fell über die Ohren und legte es an.

---

[3] Die Namaqua heilen viele Krankheiten durch Einhüllen der Patienten in noch warme Tierfelle. Dies Mittel hilft oft wunderbar schnell und gut, wenn die nötige Vorsicht angewandt wird, da die verstärkte Ausdünstung die Funktionen der Haut neu belebt und so dem Krankheitsstoff Abzug verschafft. Darauf bezieht sich des Schakals schlau ersonnener Doktorrat in bezug auf die Hyäne.

# Die Buschtaube und der Reiher

Der Schakal kam einst, so erzählt man, zu der Buschtaube, die oben auf einer Felsenspitze wohnte, und sagte: »Gib mir doch eins deiner Kinderchen!« Die Taube erwiderte: »Nein, das will ich wohl bleiben lassen!« Da sagte der Schakal: »Geschwind gib's, sonst fliege ich hinauf.« Da warf sie ihm eins hinunter.

Ein andermal kam er wieder, begehrte abermals ein Kindchen, und sie gab es ihm ohne weiteres. Als der Schakal sich davongemacht hatte, kam der Reiher und fragte: »Taube, warum weinst du?« Da sprach die Taube: »Der Schakal hat mir meine Kinderchen genommen, darum weine ich.« Da fragte er sie: »Wie kann er sie dir denn nehmen?« Da erwiderte sie: »Als er mich um sie bat, schlug ich's ab; als er aber sagte: ›Ich werde hinauffliegen, darum gib sie mir nur‹, da warf ich sie ihm hinunter.« Da sprach der Reiher: »Und du bist so dumm und gibst den Schakalen, die gar nicht fliegen können, deine Kinder?« Hierauf ermahnte er sie noch, keins mehr zu geben, und ging weg.

Als nun der Schakal wiederkam und sagte: »Taube, gib mir ein Kindchen!«, da weigerte sich die Taube und sagte, der Reiher habe ihr erzählt, er, der Schakal, sei gar nicht imstande zu fliegen. Da murmelte der Schakal: »Wart! Den will ich schon kriegen!« und ging seines Weges.

Als der Reiher nun eines Tages am Ufer eines Gewässers stand, fragte ihn der Schakal: »Bruder Reiher! Wenn der Wind von dieser Seite weht, wie stehst du dann?« Der Reiher wandte ihm seinen Nacken zu und sprach: »So stehe ich, meinen Nacken auf die eine Seite beugend.« Der Schakal fragte ihn wiederum: »Wenn aber nun ein Gewitter kommt und es regnet, wie stehst du dann?« Der Reiher gab ihm zur Antwort: »Dann stehe ich so, indem ich meinen Nacken hierhin beuge.« Da schlug ihn der Schakal auf den Nacken und brach denselben mitten entzwei.

Seit jenem Tage ist des Reihers Nacken rundgebogen.

## Der Leopard und der Widder

Als ein Leopard einst von der Jagd heimkehrte, kam er zufällig an den Kral eines Widders. Nun hatte der Leopard nie zuvor einen Widder gesehen; er näherte sich ihm deshalb in sehr unterwürfiger Weise und sagte: »Guten Tag, mein Freund! Wie magst du wohl heißen?« Der Widder erwiderte mit rauher Stimme, indem er sich mit dem Vorderfuß auf die Brust schlug: »Ich bin ein Widder; und wer bist denn du?« »Ein Leopard«, versetzte der andere, mehr tot als lebendig; dann nahm er Abschied und eilte heim, so schnell er laufen konnte. Nun lebte mit dem Leoparden zusammen ein Schakal, und zu dem ging der Leopard hin und sprach: »Freund Schakal! Ich bin ganz außer Atem und halbtot vor Schrecken, denn ich habe soeben einen fürchterlichen Burschen mit großem, dickem Kopf gesehen, der mir auf die Frage nach seinem Namen ganz grob erwiderte: ›Ich bin ein Widder!‹«

»Was bist du doch für ein närrischer Kerl von Leoparden!« rief der Schakal, »daß du solch ein schönes Stück Fleisch fahren läßt! Wie kannst du das nur tun? Aber wir wollen uns morgen auf den Weg machen und es in Gemeinschaft verzehren.«

Am folgenden Tage machten sich die beiden zu dem Kral des Widders auf; als sie nun von der Höhe eines Hügels darauf hinuntersahen, erblickte sie der Widder, der ausgegangen war, um frische Luft zu schöpfen, und der eben überlegte, wo er sich wohl heute den zartesten Salat suchen könnte. Da eilte er sofort zu seiner Frau und rief ihr zu: »Ich fürchte, daß unser letztes Stündlein geschlagen hat! Der Schakal und der Leopard kommen beide auf uns zu. Was sollen wir anfangen?« »Sei nur nicht bange«, meinte sein Weib, »sondern nimm das Kind hier auf den Arm, gehe damit hinaus und kneife es recht tüchtig, so daß es schreit, als sei es hungrig.«

Der Widder gehorchte und ging so den Verbündeten entgegen. Sobald der Leopard den Widder erblickte, bemächtigte Furcht sich abermals seiner, und er wollte wieder umkehren. Der Schakal hatte für diesen Fall schon Vorsorge getroffen, er hatte nämlich den Leoparden mit einem ledernen Riemen an sich festgebunden. So sagte er nun: »So komm doch!« Da kniff der Widder sein Kind recht tüchtig und rief dabei laut: »Das ist recht, Freund Schakal, daß du uns den

Leoparden zum Essen bringst, hörst du, wie mein Kind nach Nahrung schreit?«

Als der Leopard diese schrecklichen Worte hörte, stürzte er, trotz der Bitten des Schakals, ihn doch loszulassen, in der größten Angst davon, indem er zugleich den Schakal über Berg und Tal, durch Büsche und über Felsen mit sich fortschleppte und erst dann stillhielt und scheu um sich blickte, als er sich selbst und den halbtoten Schakal wieder nach Hause gebracht hatte. So entkam der Widder.


## Der Hahn

Der Hahn, so sagt man, wurde einst vom Schakal beschlichen und gepackt. Da sprach der Hahn: »Willst du nicht erst beten, ehe du mich tötest, wie der weiße Mann tut?« Der Schakal erwiderte: »Wie macht er es denn, wenn er betet? Nun?« »Er faltet die Hände«, sagte der Hahn. Da faltete der Schakal die Hände und betete. Der Hahn sprach wiederum: »Du guckst ja umher; mach' doch die Augen zu!« Das tat der Schakal, der Hahn aber flog auf und schalt ihn, indem er rief: »Du Schelm! Betest du auch?«

Da saß der Schakal sprachlos, weil er überlistet war.


## Der Elefant und die Schildkröte

Zwei Wesen, der Elefant und der Regen, stritten miteinander. Der Elefant sagte: »Wenn du sagst, du ernährst mich, womit ernährst du mich denn?« Der Regen gab zur Antwort: »Wie kannst du sagen, daß ich dich nicht ernähre? Wenn ich mich entferne, wirst du dann nicht sterben?« — Da zog der Regen weg.

Da sprach der Elefant: »Geier! wirf das Los für mich, um Regen zu schaffen.« Der Geier sagte: »Ich will das Los nicht werfen.«

Dann sprach der Elefant zur Krähe: »Wirf du das Los«, und sie gab ihm zur Antwort: »Gib mir das Nötige, um das Los werfen zu können.« Die Krähe warf das Los — und siehe!

Es regnete. Und durch den Regen bildeten sich Teiche, die jedoch bis auf einen sämtlich wieder austrockneten.

Als nun der Elefant auf die Jagd gehen wollte, sprach er zur Schildkröte: »Schildkröte, bleibe hier bei dem Wasser zurück!« So blieb die Schildkröte bei dem Wasser, und der Elefant ging auf die Jagd.

Da kam die Giraffe und sprach zur Schildkröte: »Gib mir Wasser!« Die Schildkröte gab zur Antwort: »Das Wasser gehört dem Elefanten.«

Dann kam das Zebra und sprach zur Schildkröte: »Gib mir Wasser!« Die Schildkröte gab zur Antwort: »Das Wasser gehört dem Elefanten.«

Da kam der Gemsbock und sprach zur Schildkröte: »Gib mir Wasser!« Die Schildkröte sagte dagegen: »Das Wasser gehört dem Elefanten.«

Da kam das Gnu und sagte: »Gib mir Wasser!« Die Schildkröte aber erwiderte: »Das Wasser gehört dem Elefanten.«

Da kam der rote Bock und sagte zur Schildkröte: »Gib mir Wasser!« Die Schildkröte versetzte: »Das Wasser gehört dem Elefanten.«

Da kam der Springbock und sagte zur Schildkröte: »Gib mir Wasser!« Die Schildkröte aber gab ihm zur Antwort: »Das Wasser gehört dem Elefanten.«

Da kam der Schakal und sagte: »Gib mir Wasser!« Die Schildkröte aber sagte: »Das Wasser gehört dem Elefanten.«

Da kam der Löwe und sprach: »Schildkrötlein, gib mir Wasser!« Als das Schildkrötlein etwas dagegen sagen wollte, packte der Löwe es und biß es; dann trank der Löwe von dem Wasser, und danach tranken alle Tiere davon.

Als der Elefant nun von der Jagd heimkehrte, sagte er: »Schildkrötlein, wo ist das Wasser?« Die Schildkröte gab zur Antwort: »Die Tiere haben das Wasser getrunken.« Da fragte sie der Elefant: »Schildkrötlein! Soll ich dich mit meinen Zähnen zermalmen, oder soll ich dich verschlucken?« Das Schildkrötlein sprach: »Bitte, verschlucke mich!« und der Elefant verschluckte das Schildkrötlein.

Als der Elefant das Schildkrötlein verschluckt hatte, und es nun in dem Bauche des Elefanten war, biß es demselben Leber, Herz und Nieren entzwei. Der Elefant sagte: »O Schildkrötlein, du tötest mich!«

So starb der Elefant; das Schildkrötlein aber kam wieder heraus und ging, wohin es wollte.

*Du, der du Fluß um Fluß hinunterziehst,*
*Du gebrannter Dornbusch,*
*Du Blauer,*[4]
*Der du erscheinst wie ein entfernter Dornhügel*
*voll Menschen*

## Die Giraffe und die Schildkröte

Als die Giraffe und die Schildkröte, so erzählt man, eines Tages zusammentrafen, sagte die Giraffe zur Schildkröte: »Wenn ich Lust hätte, so könnte ich dich ohne weiteres zertreten!« Da schwieg die Schildkröte vor Schrecken.

Die Giraffe sprach wiederum: »Ich könnte dich auch verschlingen, wenn ich wollte.« Da gab die Schildkröte zur Antwort: »Nun, ich gehöre ja gerade zu den Leuten, die von jeher verschlungen worden sind.« Da verschlang sie die Giraffe.

Als sie nun mitten in der Kehle der Giraffe steckte, spreizte sich die Schildkröte so aus, daß sie darinnen festsaß. So konnte die Giraffe sie nicht hinunterwürgen und mußte ersticken.

Als die Giraffe tot war, kroch die Schildkröte heraus und ging zur Krabbe (die als Mutter der Schildkröte betrachtet wird) und verkündigte ihr, was geschehen war. Da sagte die Krabbe:

»Das Kräbbchen könnt' ich unterm Arm (mit Buchoo) bestreuen,[5]
Das Krummbeinchen könnt' ich unterm Arm bestreuen!«
Die Schildkröte aber gab ihrer Mutter zur Antwort:
»Hast du mich nicht von jeher bestreut?
Daß du mich nun bestreuen willst?«

So gingen sie dahin und zehrten ein volles Jahr von der Giraffe.

---

[4] Die Giraffe soll nämlich blaue Asche hinterlassen, wenn sie verbrannt wird.
[5] Dies ist nach einer hottentottischen Sitte eine Anerkennung von Tapferkeit.

## Die Schildkröten auf der Straußenjagd

Eines Tages, so erzählt man, hielten die Schildkröten Rat, wie sie die Strauße jagen könnten; und sie sprachen untereinander: »Laßt uns auf beiden Seiten nahe beieinander stehen (nämlich in Reihen), dann jage eine von uns die Strauße auf, so daß sie mitten zwischen uns hindurch fliehen müssen.«
So taten sie, und da sie viele waren, mußten die Strauße eine lange Strecke mitten zwischen der Schildkrötenreihe durchlaufen. Die Schildkröten rührten sich inzwischen nicht vom Platze, sondern blieben stehen, und die eine rief der andern zu: »Bist du da?«, worauf die andere erwiderte: »Ja, ich bin hier!«
Als die Strauße das hörten, liefen sie aus Leibeskräften davon, bis sie, zu Tode ermattet, niederfielen. Nun versammelten sich die Schildkröten gemächlich an dem Platz, wo die Strauße niedergestürzt waren, und verspeisten sie.


## Der Löwe und der Pavian

Als der Pavian einst am Rande einer Felswand saß und sich Bambusse zurechtmachte, beschlich ihn der Löwe. Nun hatte sich der Pavian runde, hellglänzende, augenähnliche Plättchen von Marienglas am Hinterkopfe befestigt. Als der Löwe nun auf ihn zukroch, meinte er, wenn der Pavian zu ihm aufblickte, daß er ihm den Rücken zukehre, und kam ungestört auf ihn zu. Kehrte ihm der Pavian aber den Rücken zu, so verbarg der Löwe sich aus Furcht, gesehen zu werden; guckte der Pavian ihn jedoch wieder an, so schlich er weiter auf ihn zu.
So kam der Löwe dicht heran. Als er nun ganz nahe bei ihm war, schaute der Pavian auf, und der Löwe kroch noch näher auf ihn zu. Da sprach der Pavian bei Seite:

»Wenn ich ihn ansehe, so schleicht er auf mich zu,
Wenn meine hohlen Augen auf ihn gerichtet sind.«

Als der Löwe nun endlich auf ihn lossprang, warf sich der Pavian auf sein Gesicht. Da sprang der Löwe über ihn hin, stürzte über die Felswand und wurde zerschmettert.

*Heretse!*[6]
*Heretse!*
*Du Schmalarm,*
*Der du schmale Hände hast,*
*Du glatte Stechbinse,*
*Du gebeugter Nacken,*
*Du, dessen Leib behend sich auf den Baum schnellt,*
*Der du dich selbst emporschnellst,*
*Der du noch nicht auf dem hinter den fernsten Hügeln liegenden Hügel sterben wirst.*[7]


## Des Pavians Urteil

Eines Tages, so erzählt man, soll sich das Folgende zugetragen haben:
Die Maus hatte des Itklers (d. i. des Schneiders) Kleider zerrissen; der ging zum Pavian und klagte die Maus folgendermaßen an: »Sieh! Darum komme ich zu dir: Die Maus hat meine Kleider zerrissen, will aber nichts davon wissen, sondern klagt die Katze an; die Katze beteuert gleichfalls ihre Unschuld und sagt, der Hund müsse es getan haben; aber der Hund leugnet es auch und behauptet, das Holz habe es getan; das Holz wirft indessen die Schuld auf das Feuer und sagt: ›Das Feuer tat's!‹ Das Feuer aber sagt: ›Nein, *ich* habe es nicht getan, das Wasser tat's!‹ Das Wasser aber sagt: ›Der Elefant zerriß die Kleider!‹ und der Elefant behauptet, die Ameise habe sie zerrissen. So zanken sie sich! Deshalb komme ich, der Itkler, mit folgendem Vorschlag zu dir: Rufe die Leute zusammen und nimm sie ins Verhör, um mir Schadenersatz zu verschaffen!«
So sprach er, und der Pavian rief alle zum Verhör. Da entschuldigten sie sich denn mit denselben Vorwänden, die der Itkler erwähnt hatte, indem der eine die Schuld auf den andern schob.
Der Pavian konnte deshalb keine bessere Strafweise finden, als daß er den einen den andern bestrafen ließ. So sprach er: »Maus! Willst du dem Itkler Schadenersatz geben?« Die

---
[6] Lautnachahmung der Stimme des Pavians.
[7] Mit Bezug auf das zähe Leben des Pavians, der stets seinen Verfolgern entwischt.

Maus beteuerte indessen ihre Unschuld. Da sagte der Pavian: »Katze! Beiß die Maus!« Da biß die Katze die Maus. Dann legte der Pavian dieselbe Frage der Katze vor, und da sich diese gleichfalls entschuldigte, so rief er dem Hunde zu: »Du, beiß die Katze!«
So fragte der Pavian sie alle der Reihe nach; sie entschuldigten sich aber alle. Da sprach der Pavian dieses Wort zu ihnen:

> »Holz, schlag den Hund!
> Feuer, brenne das Holz!
> Wasser, lösche das Feuer!
> Elefant, trinke das Wasser!
> Ameise, kneife den Elefanten!«

So taten sie denn, und seit der Zeit können sie sich nicht mehr vertragen.

> Die Ameise kneift den Elefanten, wo es ihn am meisten schmerzt;
> der Elefant trinkt das Wasser;
> das Wasser löscht das Feuer;
> das Feuer verzehrt das Holz;
> das Holz prügelt den Hund;
> der Hund beißt die Katze;
> die Katze frißt die Maus.

Das war der Schadenersatz, den der Itkler durch dieses Urteil erhielt, und so hielt er an den Pavian die folgende Dankrede: »Ja, nun bin ich's zufrieden, seit ich diesen Schadenersatz bekommen habe, und von Herzen danke ich dir, o Pavian, weil du mir mein Recht verschafft und mir Schadenersatz zuerkannt hast.«
Da sprach der Pavian: »Von heute will ich nicht mehr Jan heißen, sondern Pavian soll man mich nennen!«
Seit jenem Tage geht der Pavian auf allen vieren. Er hat wohl die Fähigkeit aufrecht einherzugehen durch dieses närrische Urteil eingebüßt. (?)

> *Du Ari (Zäh-)Busch,*
> *Du Geruchvoller,*
> *Du, der du es liebst,*
> *dich allzeit in weichem Boden*
>    *zu wälzen,*
> *Dessen Leib ist stets voll weichen Staubes,*
> *Du gespaltenes Kirri des Hirtenknaben,*
> *Du gespaltner Kirrikopf,*
> *Der du durch Wiehern zurücktreibst*
> *Den dich suchenden Jäger;*
> *Der du alle Flüsse durchkreuzest,*
> *Als seien sie nur einer!*

## Der Zebrahengst

Die Zebrastuten, so erzählt man, wurden einst von den Pavianen am Trinken gehindert. Als nun eine von den Stuten Mutter eines Füllens ward, da halfen ihr die andern, den jungen Hengst zu säugen, so daß er schnell groß würde.
Als er nun herangewachsen war, und ein Wassermangel wieder eintrat, gingen sie mit ihm zur Tränke, die Paviane, die dies bemerkten, liefen ihnen, wie sie es von alters her zu tun gewohnt waren, in den Weg und versperrten ihnen den Zutritt zum Wasser. Die Stuten blieben stehen, der Hengst aber sprang vorwärts und sagte zu einem Pavian: »Du Gummifresserkind!«
Da sprach der Pavian zu dem Hengst: »Öffne deinen Mund und laß mich sehen, wovon du lebst.« Der Hengst öffnete seinen Mund, und siehe, Milch war darin.
Darauf sprach der Hengst zum Pavian: »Öffne du auch deinen Mund und laß mich sehen!« Das tat der Pavian, und siehe, er war voller Gummi. Der Pavian nahm aber hurtig ein wenig Milch von des Hengstes Zunge. Da wurde der Hengst böse, ergriff den Pavian bei den Schultern und drückte ihn auf eine heiße Felsenplatte nieder. Seit jenem Tage hat der Pavian hinten einen kahlen Fleck.
Der Pavian aber rief wehklagend:

> »Weh meiner Mutter Kind!
> Ich, der Gummifresser,
> Bin von diesem Milchesser überlistet!«

## Das verlorene Kind
*(Erzählung)*

Die Kinder aus einem Dorfe spielten einst in geringer Entfernung von den Hütten mit Bogen und Pfeilen; am Abend kehrten sie alle heim bis auf einen fünf- oder sechsjährigen Knaben, der hinter den andern herschlenderte und bald von einem Trupp Paviane umzingelt wurde, die ihn mit sich auf einen Berg schleppten.
Die Leute zogen aus, um den Knaben zu suchen, und jagten mehrere Tage vergebens hinter den Pavianen her. Er war aber nirgends zu sehen, und die Paviane hatten die Gegend schon verlassen.
Etwa ein Jahr nach diesem Ereignis kam ein Jäger zu Pferde von fern her in das Dorf und erzählte den Bewohnern, er habe an einer Stelle, die er ihnen näher beschrieb, die Spur von Pavianen gefunden, vermischt mit den Fußtritten eines Kindes.
Die Bewohner des Ortes begaben sich zu der ihnen vom Jäger bezeichneten Stelle und fanden bald den vermißten Knaben, welcher in Gesellschaft eines großen Pavians oben auf einem Felsen saß. Sobald die Leute sich näherten, nahm der Pavian den Knaben auf den Rücken und eilte mit ihm davon; doch gelang es ihnen, nach einer lebhaften Verfolgung des Knaben habhaft zu werden. Er zeigte sich anfänglich ganz wild und machte den Versuch, wieder zu den Pavianen zu entlaufen; man brachte ihn jedoch zum Dorf zurück, und als er seine Sprache wieder gelernt hatte, erzählte er, die Paviane seien äußerst freundlich zu ihm gewesen; sie selbst äßen Skorpione und Spinnen, hätten ihm aber, als sie gesehen, daß er diese beiden Leckerbissen nicht berührte, Wurzeln, Gummi und wilde Beeren gebracht; auch hätten sie ihm, so oft sie an ein Wasser gekommen wären, stets gestattet, zuerst zu trinken.


## Der Pavian als Hirte
*(Erzählung)*

Die Namaqua erzählen, vor kurzem habe ein Mann einen jungen Pavian aufgezogen und zu seinem Hirten gemacht. Der Pavian blieb den ganzen Tag im Feld bei der Herde und trieb sie abends in das Dorf zurück, wobei er auf dem Rücken einer Ziege ritt, die hinterdreintrabte. Dem Pavian gehörte die Milch einer Ziege; nur an dieser sog er und hielt auch die Kinder von der Milch der anderen Ziegen zurück. Auch gab ihm sein Herr wohl bisweilen ein wenig Fleisch. Ein Jahr lang tat er so Dienste als Hirte, dann wurde er aber unglücklicherweise auf einem Baum von einem Leoparden getötet.


## Der Löwe, der sich für weiser hielt als seine Mutter

Man erzählt, daß, als der Löwe und *Gurikhoisip* (d. i. der einzige Mensch) mit dem Pavian, dem Büffel und andern Gefährten ein gewisses Spiel spielten, habe es in der *Aroxaams* einen Gewitterregen gegeben.

Da gerieten der Löwe und *Gurikhoisip* in Streit. »Ich werde aufs Regenfeld laufen!« sagte der Löwe. Ebenso sagte *Gurikhoisip:* »Ich werde aufs Regenfeld laufen!« Da keiner dem andern nachgeben wollte, gingen sie böse auseinander.

Danach machte sich der Löwe auf, seiner Mutter zu erzählen, was sich zwischen ihnen zugetragen hatte. Seine Mutter sprach zu ihm: »Mein Vater, hüte dich vor jenem, dem der Kopf aufrecht zwischen den Schultern sitzt, der kneifende Waffen führt, der weiße Hunde hält, der mit dem Tigerschweife geschmückt einherschreitet – o hüte dich vor ihm!«

Der Löwe aber meinte: »Warum soll ich mich vor denen hüten, die ich kenne?« Die Löwin gab zur Antwort: »Mein Sohn, hüte dich vor dem, der kneifende Waffen führt.« Der Löwe wollte jedoch dem Rat seiner Mutter nicht folgen, sondern ging an demselben Morgen, während es noch stockdunkel war, nach der *Aroxaams* und legte sich in einen Hinterhalt.

*Gurikhoisip* kam auch an jenem Morgen zu diesem Platz. Dort angekommen, ließ er seine Hunde trinken und baden; danach wälzten sie sich umher. Dann trank auch der Mann; als er damit fertig war, kam der Löwe aus dem Busch. Die Hunde umstellten ihn sogleich, wie seine Mutter es ihm vorhergesagt hatte, und *Gurikhoisip* durchbohrte ihn mit dem Speer.

Als der Löwe gewahr wurde, daß er verwundet sei, rissen ihn zu gleicher Zeit die Hunde wieder nieder. So ermatteten

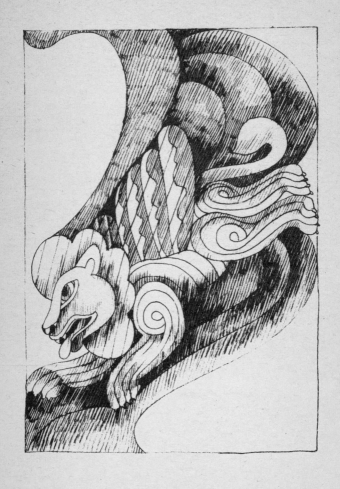

seine Kräfte. Als seine Kraft von ihm gewichen war, sagte *Gurikhoisip* zu den Hunden: »Laßt ihn nun in Ruhe, damit er heimgehen und sich von seiner Mutter unterweisen lassen kann.« So ließen ihn die Hunde los und gingen heim, während er dort liegen blieb.

In der Nacht wollte er gleichfalls nach Hause gehen, aber unterwegs verließ ihn wieder seine Kraft und er jammerte:

»O Mutter! Hilf mir auf!
Großmutter! Hilf mir auf!
O weh! — Ach!«—

Da hörte die Mutter mit dem Grauen des Morgenrotes seine Klage und sprach:

»Mein Sohn, siehe, das ist es, was ich dir vorhergesagt;
Hüte dich vor dem mit den kneifenden Waffen,
Der mit dem Tigerschweife sich schmückt,
Der weiße Hunde hat!
Ach, du Sohn von mir, der Kurzohrigen,
Du mein kurzohriges Kind!
Du Sohn von mir, die ich rohes Fleisch fresse,
Der du rohes Fleisch frißt!
Du Sohn von mir, die ich blutgefärbte Nüstern habe,
Du mit den blutgefärbten Nüstern!
Du Sohn von mir, die ich Sumpfwasser trinke,
Du Wassertrinker!«


## Der fliegende Löwe

Vor Zeiten, so erzählt man, pflegte der Löwe zu fliegen, und damals vermochte nichts vor ihm leben zu bleiben. Da er nicht wollte, daß die Knochen der Tiere zerbrochen würden, die er erjagt hatte, bestellte er ein Paar weißer Krähen zu Wächtern über die Knochen und ließ sie in dem Kral zurück, während er auf die Jagd ging. Aber eines Tages kam der große, dicke Frosch dahin, brach die Knochen in Stücke und sprach dabei: »Weshalb kann Mensch und Vieh nicht länger leben?« Und weiter sagte er: »Wenn er kommt, so sagt ihm nur, ich lebe dort an jenem Teiche; wenn er mich aufsuchen will, so mag er nur dorthin kommen.«

Der Löwe aber, der auf Wild lauerte, wollte just auffliegen, da fand er, daß er nicht fliegen konnte. Darüber war er zornig und dachte sich gleich, daß in dem Kral etwas nicht richtig sei; so kehrte er heim. Dort angekommen, fragte er: »Was habt ihr gemacht, daß ich nicht fliegen kann?« Da gaben sie ihm zur Antwort: »Es kam ein Mann hierher, der brach die Knochen in Stücke und sagte dabei: ›Will er mich sprechen, so mag er mich dort am Teiche suchen!‹«

Da ging der Löwe dorthin, und als er ankam, saß der Frosch just am Rande des Wassers; der Löwe versuchte, ihn unbemerkt zu beschleichen. Als er gerade im Begriff war, ihn zu packen, sagte der Frosch: »Ho!« tauchte unter, schwamm an die andere Seite des Teiches und setzte sich dort nieder. Der Löwe verfolgte ihn; da er seiner aber nicht habhaft werden konnte, kehrte er heim.

Seit jenem Tage, so sagt man, ging der Löwe auf seinen Füßen und begann das Wild zu beschleichen. Die weißen Krähen aber verstummten gänzlich seit jenem Tage, an dem sie gesagt hatten: »Von der Sache läßt sich nichts sagen!«


## Der Löwe in Frauengestalt

Mehrere Frauen, so erzählt man, gingen fort, um Feldkost zu suchen. Auf dem Heimweg setzten sie sich nieder und sprachen zueinander: »Laßt uns die Feldkost versuchen.« Da merkten sie, daß die Feldkost der einen Frau süß, die der andern dagegen bitter war. Da sprachen sie untereinander: »Siehe, die Feldkost dieser Frau ist süß!«, und sie sagten zur Eigentümerin der süßen Feldfrucht: »Wirf sie weg und suche nach anderer.«

Daraufhin warf sie die Feldfrucht fort und ging, um frische zu sammeln. Nachdem sie eine genügende Menge gesammelt hatte, ging sie zurück, um die andern Frauen zu suchen, konnte sie aber nicht finden.

Da ging sie hinunter zum Fluß, wo der Hase gerade saß und Wasser schöpfte, und sie sprach zu ihm: »Hase, schöpfe mir Wasser, damit ich trinken kann!« Der Hase gab zur Antwort: »Aus diesem Becher dürfen allein mein Onkel und ich trinken!«

Und sie bat ihn wieder: »Hase, schöpfe mir ein wenig Wasser

und laß mich trinken!« Der Hase aber gab dieselbe Antwort. Da entriß sie ihm den Becher und trank, er aber ließ den Becher in ihren Händen und lief heim, um seinem Onkel die ihm angetane Schmach zu berichten.
Die Frau trank, stellte den Becher dann wieder hin und ging ihres Weges. Bald darauf kam der Löwe hinunter, und als er sie erspäht hatte, setzte er ihr nach. Als die Frau sich umblickte und den Löwen kommen sah, sang sie:

»Meine Mutter wollte mich nicht gehen lassen, Kräuter zu suchen,
Kräuter des Feldes, Frucht vom Felde,
Oho!«

Als der Löwe endlich die Frau eingeholt hatte, jagten sie einander um einen Dornbusch herum. Da sie mit Perlen und Armringen geschmückt war, sprach der Löwe: »Laß mich sie anlegen!« Sie lieh ihm den Schmuck, er aber weigerte sich, ihn wieder zurückzugeben.
So jagten sie einander wieder um den Dornbusch herum, bis der Löwe fiel; da sprang die Frau auf ihn und hielt ihn nieder. Der Löwe sprach eine Beschwörungsformel: »Liebe Tante, es ist nun Morgen und Zeit aufzustehen; erhebe dich doch und laß mich los!«
Da stand sie von ihm auf, und sie jagten einander wieder um den Dornbusch herum, bis die Frau niederfiel und der Löwe auf sie zusprang. Sie redete ihn an: »Mein Oheim! Es ist Morgen und Zeit aufzustehen; erhebe dich doch und laß mich los!«
So stand er denn auf, und sie jagten wieder hintereinander her, bis der Löwe zum zweiten Male niederfiel. Als sie nun auf ihn sprang, sagte er wieder: »Liebe Tante! Es ist Morgen und Zeit aufzustehen; erhebe dich doch und laß mich los!«
Da standen sie denn wieder auf und jagten einander. Zuletzt fiel das Weib nieder. Als sie wieder die obige Beschwörungsformel aussprach, sagte der Löwe: »*He Kha!* Ist's wirklich Morgen und Zeit aufzustehen?«
Damit machte er sich daran, sie aufzufressen, wobei er aber Sorge trug, ihre Haut unversehrt zu lassen. Diese zog er dann ebenso wie die Kleider und Schmucksachen der Frau selber an, so daß er vollkommen wie die Frau aussah, und so verkleidet ging er dann zu ihrem Kral.

Als die vermeintliche Frau dort ankam, rief die kleine Schwester ihr entgegen: »Liebes Schwesterchen, schenke mir doch ein wenig Milch ein!« Sie gab ihr zur Antwort: »Ich werde dir nichts einschenken!« Da wandte das Kind sich an seine Mutter und bat: »Mütterchen, schenk du mir ein wenig Milch ein!« Die Hausmutter sagte: »Geh doch zu deiner Schwester und laß dir von ihr Milch geben!« Da sprach das Kind wieder zu der vermeintlichen Schwester: »Bitte, schenke mir doch ein wenig Milch ein!« Die wiederholte jedoch ihre Weigerung und sagte: »Nein, ich *will* nicht!« Da sprach die Mutter zu der Kleinen: »Ich hatte ihr die Erlaubnis verweigert, auf dem Feld Kräuter zu suchen, und weiß nun nicht, was sich zugetragen haben mag. Geh nur zum Hasen und bitte ihn, dir Milch einzuschenken.«

Der Hase gab ihr Milch, der Löwe aber sagte: »Laß mich mit dir trinken!« Da ging die Kleine mit ihrem Bambus[8], der als Becher diente, zu der vermeintlichen Schwester, und beide tranken Milch daraus. Dabei tröpfelte nun ein wenig Milch auf der Kleinen Hand, und der Löwe leckte es mit der Zunge auf. Die aber war so rauh, daß etwas Blut auf der Hand erschien, das leckte er ebenfalls ab.

Da klagte die Kleine bei der Mutter: »Mütterchen! Schwester kneift mir Löcher und saugt das Blut.« Die Mutter sagte: »Was für eine Löwennatur deine Schwester von dem Wege mitgebracht, den zu machen ich ihr verboten hatte, das weiß ich in der Tat nicht.«

Darauf kamen die Kühe nach Hause, und die ältere Schwester reinigte die Geschirre, um die Kühe zu melken. Als sie sich aber den Kühen mit einem Riemen näherte, um ihnen die Hinterfüße zu binden, damit sie einfacher zu melken wären, da ließ keine sie heran.

Da sprach der Hase: »Warum stehst du nicht vor der Kuh?« Sie versetzte dagegen: »Hase! Rufe deinen Bruder und steht ihr beide vor der Kuh!« Ihr Mann aber sagte: »Was ist über sie gekommen, daß die Kühe sich nicht von ihr melken lassen?

---

[8] Bambus nennt man im Namaqualand nicht ein Rohr, sondern ein hölzernes Trinkgefäß von ziemlicher Größe, in das die Mädchen und Dienstboten die Kühe melken. Wer Lust und Appetit hat, nimmt den Bambus mit der frischen Milch, trinkt soviel er will und gibt das Gefäß weiter. Sind alle gesättigt, so wird der Inhalt der übrigen Bambusse in eine Kalabasse gegossen, um saure oder dicke Milch daraus zu machen. Der Bambus wird meistens vom Hausvater selbst aus Weidenholz angefertigt.

Es sind doch dieselben Kühe, die sie stets melkt!« Die Hausmutter sagte: »Was hat sich diesen Abend zugetragen? Das sind ja doch dieselben Kühe, die sie stets ohne Beistand melkt. Was mag über sie gekommen sein, daß sie in der Gestalt einer Frau, aber mit der Natur eines Löwen heimgekehrt ist?«
Die ältere Tochter aber sagte zu ihrer Mutter: »Ich werde die Kühe nicht melken.« Mit diesen Worten setzte sie sich hin. Die Mutter sprach zum Hasen: »Bringe mir nur die Bambusse, dann will ich melken. Ich weiß nicht, was über die Dirne gekommen ist.« So melkte die Mutter denn selbst die Kühe, und der Hase brachte die Bambusse zum Haus der jungen Frau, wo sich auch ihr Gatte befand. Sie aber, die vermeintliche Frau, gab dem Gatten nichts zu essen.
Als sie zur Nachtzeit in Schlummer gefallen war, hingen einige Löwenhaare heraus; die Leute, die das gewahr wurden, riefen erstaunt: »Wahrlich, dies ist ein ganz anderes Wesen! Darum wollten sich auch die Kühe nicht von ihr melken lassen.«
Die Bewohner des Krals machten sich sofort daran, die Hütte abzubrechen, in der der Löwe schlafend lag. Während sie die Matten abnahmen, sprachen sie diese Beschwörungsformel: »Wenn du uns geneigt bist, o Matte, so gib den Ton *sawa* (d. h. mache kein Geräusch!) von dir!«
Und zu den Pfählen, auf denen die Hütte ruhte, sagten sie: »Wenn du uns geneigt bist, o Pfahl, mußt du den Laut *gara* von dir geben!«
Auch die Bambusse und Bettfelle redeten sie ähnlich an.
So entfernten sie die Hütte mit allem Zubehör ganz still und geräuschlos. Dann nahmen sie Grasbüschel, legten sie auf den Löwen und steckten sie in Brand, dabei sagten sie: »Bist du mir freundlich geneigt, o Feuer, so mußt du so aufflammen: *bubu!* ehe du an das Herz gelangst.«
So flammte das Feuer denn auf, als es an das Herz kam, und das Herz der getöteten Frau sprang heraus und fiel auf die Erde. Die Hausmutter hob es auf und legte es in eine Kalabasse.
Und der Löwe sprach mitten aus dem Feuer heraus: »Deine Tochter hat mir doch gut geschmeckt!« Die Mutter des Hauses gab ihm dagegen zur Antwort: »Ja, du hast auch dafür jetzt einen recht angenehmen Platz!«
Nun nahm die Mutter des Hauses die erste Milch von allen Kühen, welche kalbten, und tat sie in die Kalabasse mit dem

Herz ihrer Tochter; die Kalabasse vergrößerte sich, und mit ihr wuchs auch das Mädchen darin.

Als die Hausfrau nun eines Tages ausging, Holz zu holen, sprach sie zum Hasen: »Bis ich zurückkomme, muß alles nett in Ordnung sein!« Während der Abwesenheit der Mutter kam nun das Mädchen aus der Kalabasse hervor und brachte das Innere des Hauses hübsch in Ordnung, ganz wie sie es in früheren Tagen gewohnt gewesen war. Dann sagte sie zum Hasen: »Wenn Mutter heimkommt und fragt: ›Wer hat all dies getan?‹, so mußt du sagen: ›Ich, der Hase, tat's!‹« Danach versteckte sie sich im Steiger[9].

Als die Hausmutter nun nach Hause kam, sagte sie: »Hase, wer ist hier gewesen? Es sieht ganz so aus wie zu der Zeit, da meine Tochter noch alles in Ordnung zu halten pflegte.« Der Hase sagte: »Das habe ich getan!« Aber die Mutter wollte es nicht glauben und guckte in die Kalabasse. Als sie nun sah, daß diese leer war, suchte sie im Steiger und fand ihre Tochter. Da umarmten sie sich und küßten einander, und seit dem Tage blieb die Tochter bei der Mutter und tat alles, wie sie es von früher gewohnt war; verheiratet hat sie sich aber nicht wieder.


## Das Weib in Löwengestalt
*(Erzählung)*

Ein Hottentotte reiste einst mit einer Buschmannsfrau, die ein Kind auf dem Rücken trug. Sie hatten schon eine ziemliche Strecke zurückgelegt, als ein Trupp wilder Pferde sichtbar wurde.

Da sprach der Mann zu der Frau: »Ich bin hungrig, und ich weiß, daß du dich in einen Löwen verwandeln kannst; tu es, ich bitte dich, und fange uns ein wildes Pferd, damit wir etwas zu essen bekommen.« Das Weib gab zur Antwort: »Du wirst dich aber vor mir fürchten!«

»O nein!« rief der Mann, »ich fürchte mich nur davor, vor Hunger zu sterben, aber nicht vor *dir!*«

---

[9] Der Steiger ist das Holzgestell, das der Tür gegenüber im Hintergrund des Hauses steht und an das die Namaqua ihre Bambusse, Fellsäcke und sonstigen Sachen hängen, außerdem werden darunter die Binsen aufbewahrt, die zum Anfertigen der Matten dienen.

Während er noch sprach, begann schon hinten aus dem Nakken des Weibes Haar hervorzuwachsen, ihre Nägel nahmen allmählich die Gestalt von Klauen an, und ihre Gesichtszüge veränderten sich. Dann setzte sie das Kind nieder.
Diese Gestaltsveränderung beunruhigte den Mann so sehr, daß er schnell einen nahen Baum erklomm. Das Weib schaute ihn mit funkelnden Augen an, ging dann auf die Seite, zog ihren Fellrock aus, und siehe! da stürzte ein vollkommener Löwe auf die Ebene hinaus. Er schlich zwischen den Büschen dahin, prallte dann mitten unter die wilden Pferde und sprang auf eins. Es fiel nieder, und der Löwe leckte sein Blut.
Dann kehrte der Löwe dahin zurück, wo das Kind schrie, und der Mann rief vom Baum herab: »Genug! Genug! Tu mir nur nichts! Lege deine Löwengestalt doch ab, ich werde dich auch niemals mehr bitten, mich's wieder sehen zu lassen!«
Der Löwe sah ihn scharf an und knurrte. »Ich bleibe hier, bis ich tot bin«, rief der Mann, »wenn du nicht wieder eine Frau wirst.«
Da begannen Mähne und Schwanz zu verschwinden; der Löwe ging zu dem Busch, wo der Fellrock lag, zog ihn an, und siehe! die Frau in ihrer eignen Gestalt nahm das Kind wieder auf. Da kam der Mann herab und aß mit von dem Fleisch des Pferdes. Er hat aber die Frau später nie wieder gebeten, Wild für ihn zu jagen.


## Der Löwe und der Buschmann
*(Erzählung)*

Ein Buschmann folgte einst einem Trupp Zebras, und es war ihm soeben geglückt, eins davon mit seinen Pfeilen zu verwunden, als ein Löwe aus einem gegenüberliegenden Dickicht hervorsprang und geneigt schien, ihm den Preis streitig zu machen.
Dem Buschmann kam in dieser Not ein naher Baum äußerst gelegen, er warf schnell seine Waffen fort und kletterte zu größerer Sicherheit auf einen der höchsten Äste. Der Löwe ließ das verwundete Zebra laufen und widmete seine ganze Aufmerksamkeit dem Buschmann. Er wanderte um den Baum herum, wobei er von Zeit zu Zeit knurrte und wütend zu dem Buschmann hinaufblickte.

Endlich legte sich der Löwe unter dem Baume nieder und blieb dort die ganze Nacht als Schildwache. Gegen Morgen wurde der Buschmann, der sich bis dahin wach gehalten hatte, vom Schlaf übermannt.
Da träumte er, er sei in des Löwen Rachen gefallen. Darüber erschreckt, fuhr er auf, verlor den Halt, fiel von dem Ast herab und mit der ganzen Schwere seines Körpers auf den Löwen.
Infolge dieser unverhofften Begrüßung lief das Ungetüm mit lautem Gebrüll davon, und der Buschmann, der gleichfalls, aber in entgegengesetzter Richtung, sein Heil in der Flucht suchte, entkam glücklich.


## Wie eine Nana-Frau die Elefanten überlistete

Ein Elefant, so wird erzählt, heiratete eine Nama-Hottentottin. Diese bekam einmal Besuch von ihren Brüdern, die sich aber aus Furcht vor dem Elefanten nicht sehen lassen durften.
Die Schwester tat so, als ginge sie zum Holzholen, und als sie ihre Brüder traf, steckte sie sie zwischen das Holz, brachte sie nach Hause und legte sie auf den Steiger[10]. Dann sagte sie: »Ist denn je, seit ich in diesen Kral hineingeheiratet habe, ein kniehaarloser Hammel für mich geschlachtet worden?«
Ihre blinde Schwiegermutter antwortete: »Die Frau meines ältesten Sohnes redet von Dingen, über die sie früher nie gesprochen hat.«
Inzwischen kam der Elefant zurück, der im Feld gewesen war, roch etwas und scheuerte seinen Rücken an dem Haus. Sein Weib sprach zu ihm: »Jetzt werde ich etwas tun, was du mir nie erlaubt hast; oder hast du mir je einen kniehaarlosen Hammel geschlachtet?«
Da sagte die Schwiegermutter zu ihm: »Da sie Dinge spricht, die sie nie zuvor geredet hat, tue, was sie wünscht.«
So wurde denn ein Widder für sie geschlachtet. Sie briet ihn ganz; dann legte sie in derselben Nacht nach der Abendmahlzeit ihrer Schwiegermutter folgende Frage vor: »Wie atmet Ihr, wenn Ihr den Lebensschlaf schlaft, also mit halbem Bewußtsein, und wie, wenn Ihr den Todesschlaf schlaft, d. h. den tiefen Schlaf?«

[10] Vergleiche Anmerkung 9.

Da antwortete die Schwiegermutter: »Hm! Ein gesprächreicher Abend; wenn wir den Todesschlaf schlafen, atmen wir so: *sũi, sũi*! und wenn wir den Lebensschlaf schlafen, dann atmen wir so: *»xou awaba, xou awaba.«*

Darauf machte die Frau, während die Elefanten sich zur Ruhe begaben, alles zurecht. Dann lauschte sie auf ihr Schnarchen, und sobald sie hörte, daß sie *sũi, sũi* schliefen, erhob sie sich vom Lager und sprach zu ihren zwei Brüdern: »Der Todesschlaf ist über ihnen; kommt, wir wollen uns auf und davon machen!« Sie standen auf, gingen hinaus und brachen die Hütte ab, um alles mitzunehmen, was sie konnten. Sie nahmen all ihre nötigen Gerätschaften und sagten dabei: »Das Ding, welches Geräusche macht, will meinen Tod!« Da blieb denn alles ruhig.

Als ihre beiden Brüder nun gepackt hatten, ging sie mit ihnen zu dem Vieh; aber eine Kuh, ein altes Schaf und eine Ziege ließen sie daheim. Diese wies sie nun an, indem sie zunächst zur Kuh sprach: »Du mußt nicht brüllen, als seiest du allein, wenn du nicht meinen Tod wünschst.« Das gleiche befahl sie dem Schaf und der Ziege.

So machten sie sich mit all dem andern Vieh auf den Weg, und die Zurückgebliebenen brüllten die ganze Nacht hindurch, als wären sie viele, und da sie brüllten, als seien noch alle da, dachte der Elefant: »Oh, sie sind alle da!«

Als er aber am Morgen aufstand, merkte er, daß sein Weib mit allem Vieh auf und davon war. Da nahm er seinen Stock in die Hand und sprach zu seiner Mutter: »Wenn ich falle, so wird die Erde erdröhnen.«

Mit diesen Worten eilte er ihnen nach. Als sie ihn kommen sahen, bogen sie vom Weg ab, rannten sich in einer Felsspalte fest und sprachen: »Wir sind die Vorläufer eines gewaltigen Zuges; Stein meiner Voreltern! öffne dich für uns!« Da öffnete sich der Fels, und als sie hindurchgegangen waren, schloß er sich wieder hinter ihnen.

Nun kam auch der Elefant und sprach zum Felsen: »Stein meiner Vorfahren, öffne dich auch mir!« Da öffnete sich der Fels, aber als der Elefant hineingegangen war, schloß er sich über ihm. So starb der Elefant.

Da dröhnte die Erde, und die Mutter in ihrer Hütte sprach: »Wie mein ältester Sohn gesagt hat, so ist es geschehen: Die Erde erbebt.«

## Kupfer und Wetter oder Die böse Schwester

Kupfer und Wetter, so erzählt man, waren Mann und Frau und hatten eine Tochter, welche in einen anderen Stamm heiratete.

Da kamen ihre drei Brüder, um sie zu besuchen; sie erkannte sie aber nicht, obwohl die Leute sagten: »Siehst du denn nicht, daß es deine Brüder sind?« Sie entschloß sich, sie in der Nacht zu töten. Die Brüder aber hatten ein Perlhuhn zum Wächter.

Als nun Kupfers und Wetters Tochter sich heranschlich, um die Männer zu töten, da gakelte das Perlhuhn, warnte sie, doch ja auf ihrer Hut zu sein.

So wurden sie diesmal von der Gefahr in Kenntnis gesetzt; aber danach schliefen sie wieder ein.

Nun schlich die Schwester zum zweitenmal auf sie zu. Das Perlhuhn gakelte wieder, dabei aber zerriß es den Strick, mit dem es angebunden war, und eilte heim. Jetzt tötete die Frau ihre Brüder.

Als das Perlhuhn beinah zu Hause angekommen war, fing es an zu jammern:

>»Kupfers und Wetters Tochter hat ihre Brüder getötet,
>Ach! ihre Brüder hat sie getötet!«

Das hörte die Frau und sprach zu ihrem Mann:

>»Hörst du nicht, was der Vogel beweint,
>Der du hier auf dem Boden sitzt, Bambusse bereitend?«

Da sprach der Mann: »Verwandle du dich in ein mächtiges Unwetter, ich will dann ein starker Wind werden.«

So verwandelten sie sich; und als sie in dieser Gestalt in die Nähe des Krals gekommen waren, wo man ihre Söhne getötet hatte, vereinigten sie sich und wurden zu Feuer; und in der Gestalt eines Feuerregens verbrannten sie den Kral und sämtliche Einwohner.

# Kaffern

## Bist du nicht der schöne Vogel?

Eine Schar schwarzer Mädchen zog singend in den Wald, um Reisig zu sammeln. Dort wohnte jedoch ein wilder Mann, der hieß Dimo. Die Kinder hatten wohl manchmal vom wilden Mann gehört, wußten aber nicht, daß es derselbe sei, der ihnen jetzt mit fröhlicher Stimme entgegenrief: »Kommt, ihr Kinder, ich werde euch ein schönes Liedlein lehren; ihr könnt dazu tanzen und lustig mit den Händen klappen!« Das gefiel den Mädchen, und sie gingen hin. Der ebenholzfarbene Mann begann denn auch gleich ein lustiges Liedlein, und die Kinder stellten sich händeklappend im Kreise auf. Mit ihren Füßen stampften sie tanzend und im Takt den Erdboden, daß die Messingringe an Hand- und Fußgelenken nur so klirrten. Da plötzlich nahm Dimo aus seinem Munde einen Zahn, der wuchs und wurde armlang. Und ehe die Kinder noch wußten, was eigentlich vor sich ging, hatte der Mann bereits eines der Mädchen mit dem Zahn zu Boden geschlagen. Ein großes Wehklagen erhob sich. Aber Dimo beschwichtigte die Schreienden und sagte: »Seid still, ich werde sie gleich wieder lebendig machen mit dem Zahn, der sie erschlug!«, hob die Tote auf und trug sie hinter seine niedrige Strohdachhütte. Dort fraß er sie auf. Als er wieder zurückkam, tat er, als sei gar nichts vorgefallen, tanzte und sprang mit den Kindern im Reigen. Doch plötzlich hielt er wieder inne, nahm abermals den Zauberzahn aus seinem Munde und schlug ein zweites Mädchen nieder. »Weh, weh, weh!« schrien die Genossinnen der Erschlagenen und wollten fliehen. Dimo aber hielt sie zurück, tat verwundert und sagte: »Ich weiß auch gar nicht, was heute mit meinem Zahn los ist; doch seid ganz ruhig, die Tote mache ich schon wieder lebendig!« Sprach's und trug auch sie hinter seine runde strohdachgedeckte Pfahlhütte. Die jüngere Schwester der Getöteten lief ihm aber nach und sagte: »Ich will doch sehen, auf welche Weise er sie lebendig macht!« Doch wie groß war ihr Schrecken! Dimo hatte sich hinter der Hütte in einen Löwen verwandelt und war gerade dabei, die Tote aufzufressen. Zitternd wie Espenlaub fuhr das Mädchen zurück, eilte zu ihren Gespielinnen und hauchte: »Kommt ganz leise heran und seht!« Auf den Zehenspitzen schlichen sie heran. Hu, wie erschraken sie! Der Dimo hatte sich wirklich in einen Löwen verwandelt und fraß den Leichnam der Erschlagenen. Da ergriffen sie alle die Flucht und liefen, so schnell ihre Füße sie nur tragen konnten. Aber o weh, der Fluß, der sie vom heimatlichen Dorfe trennte, war unterdessen angeschwollen. Es hatte gestern an seiner Quelle stark geregnet. Die Mädchen weinten heiße Tränen und liefen vor Angst am Ufer hin und her. Zuletzt kam noch rechtzeitig Hilfe. Am gegenüberliegenden Ufer erschien ein herrlicher Vogel, der Pfau; der erbarmte sich ihrer, flog herüber, nahm sie allesamt unter seine Flügel und brachte sie in Sicherheit ans andere Ufer. Kaum war er drüben, da kam Dimo angelaufen; atemlos hielt er vor dem Fluß, spähte den Strom hinauf und hinunter; aber die verfolgten Kinder konnte er nirgends entdecken. Schließlich fiel sein Blick auf das jenseitige Ufer. Er sah den Pfau. Alsbald schrie er ihn auch an mit seiner garstigen Stimme: »Hallo, Pfau!« »Was willst du von mir?« fragte dieser zurück. »Pfau«, fuhr der Mann fort, »sage mir, hast du nicht Mädchen hier vorübergehen sehen?« »Ach«, versetzte der Gefragte, »was achten wir Pfauen auf Menschen, die vorüberlaufen; sage selbst, ist's nicht so?« »So sage mir die Zauberformel dieses Flusses«, schnaufte der Menschenfresser. »Die kenne ich nicht«, war die Antwort. Jetzt versuchte Dimo alle seine Künste, um dennoch über das Wasser zu kommen. Er beschwor es auf allerlei Weise, damit es ablaufen möchte; vergebens. Er warf alle seine Perlenketten und Ringe als Opfer in die Flut. Sie trieben ab auf Nimmerwiedersehen, aber auch ohne irgendeine Wirkung auf den reißenden Strom auszuüben. Zuletzt beraubte er sich sogar seines einzigen Kleidungsstückes, des Schurzfelles, und warf es in die Wellen. Doch auch dieses Opfer vermochte nicht den Fluß zu bezaubern. Er war und blieb voll. Da trat der Menschenfresser endlich vom Fluß zurück, wutschnaubend; im nächsten Augenblick hatte er sich in einen Löwen verwandelt. Der Pfau aber faltete jetzt seine Schwingen auseinander, hieß die Kinder aus ihrem Versteck hervorgehen und sprach: »Schaut da, jenseits des Flusses, da steht der Mann, der euch verfolgte!« Die Kinder erschraken sehr, denn sie erblickten einen großen Löwen. Sie flüchteten schnell wieder unter die Flügel ihres Erretters. Der nahm sie auf und machte sich mit ihnen auf zu ihrem Heimatdorf. Unterwegs begegnete er den Rinderhirten; sie hüteten die große Herde der Dorfbewohner. Beim Anblick des herrlichen Pfauen brachen sie in einen Ruf des Erstaunens aus und sprachen: »Bist du nicht der schöne Vogel, würdig, dem König zu Ehren getötet zu werden, ihm zum Schmuck seines Hauptes?« Der Pfau, der die Rede vernahm, erschrak und antwortete: »Nicht schlachten sollt ihr mich zu Ehren des Königs, ihm zum Federschmuck seines Hauptes; denn ich habe Kinder errettet; aus den schäumenden Fluten des großen Stromes zog ich sie; der Strom war voll Wasser; so erschrocken noch ist meine Seele, daß ich weinen und klagen möchte!« Die Schreier verstummten. Unbehelligt zog der stolze Vogel vorüber. Bald aber traf er auf die Ziegenhirten mit ihren Herden. Die Jungen rissen vor Staunen über die Schönheit des Vogels die Augen weit auf und lallten: »Ah, bist du nicht der schöne Vogel, würdig, dem Könige zu Ehren getötet zu werden, ihm zum Federschmuck des Hauptes?« Der Pfau antwortete stolz: »Ich bin nicht der schöne Vogel, den man zu Ehren des Königs schlachtet, ein Federschmuck seines Hauptes zu sein; Kinder habe ich errettet; aus den schäumenden Fluten des Stromes zog ich sie; noch bis jetzt ist meine Seele erschrocken, daß ich weinen und klagen möchte!« Die Ziegenhirten verstummten und ließen ihn unbehelligt vorbeiziehen. Da begegnete er den kleinen Knaben mit der Herde der Ziegenlämmer. Die Bürschlein blieben starr vor Verwunderung über die herrlichen Federn des großen Vogels, der so ruhig und sicher an ihnen vorüberschritt. »Ach, welch schöner Vogel! Bist du nicht der schöne Vogel, den man zu Ehren des Königs schlachtet, ein Federschmuck seines Hauptes zu sein?« Sie erhielten die gleiche Antwort wie die Ziegen- und Rinderhirten. Endlich war das große Basutodorf erreicht. Im Tor saßen die Männer, nur mit Schurzfell bekleidet, und gerbten, der eine ein Dachsfell, der andere ein Schakalfell; der dritte nähte eine große Schlafdecke aus sechs gegerbten Tigerfellen, ein anderer eine Schlafdecke aus 28 Silberschakalfellen. Der Pfau aber flog auf einen der sehr hohen Pfähle, die — einer Palisade gleich — den Dorfeingang umgeben. Die dort aufgespießten Menschen-, Affen- und Ochsenschädel schreckten ihn nicht. Er schaute stumm auf die auf der Erde hockenden Männer nieder. Sie ließen gerade ein kleines hölzernes Gefäß, wie eine winzige Flasche aussehend, im Kreise herumgehen. Ein jeder schüttete sich daraus ein schwarzbraunes Pulver auf den Rücken seiner Hand und führte sie dann zu äußerst breiten Nase, worauf ein lustiges Niesen entstand, bis allen die Tränen in die Augen traten und sich backenabwärts ergossen. Einer der Männer hatte eben mit dem Rücken seiner Hand die größten

Tränen aus seinen Augen entfernt, da erblickte er den Pfau hoch oben überm Tor des Dorfes. »Ah!« sagte er und sperrte den Mund auf. »Ah!« sagten nun plötzlich auch alle übrigen, vergaßen selbst den Schnupftabak und starrten mit gläsernen Augen den schönen Vogel an: »Bist du nicht der schöne Vogel, würdig, dem König zu Ehren getötet zu werden, ihm zum Federschmuck seines Hauptes?« »Der bin ich nicht«, antwortete der Gefragte stolz, »aber ich habe Kinder errettet; aus den schäumenden Fluten zog ich sie; der Strom war voll; ich bin noch jetzt so erschrocken, daß ich weinen und klagen möchte!« Einer der Männer lief eiligst zum Häuptling und erzählte ihm das. Der kam so schnell es seine runde Gestalt gestattete. Ein Löwenfell wallte von seinen ebenholzfarbenen Schultern. »Ah!« sagte er, als er den schönen Vogel über dem Kraltor erblickte, und ließ den Mund offen stehen, als solle der Pfau da hineinfliegen. »Ah, ja, du bist der schöne Vogel, würdig getötet zu werden zur Zierde meines königlichen Hauptes!« Der Angeredete aber erwiderte: »Nicht um dir zu Ehren mich schlachten zu lassen bin ich an deinem Tor erschienen; sondern als Retter eurer Kinder stehe ich vor euch; ich zog sie aus den schäumenden Fluten eines reißenden Stromes; erschrocken war mein Herz, als ich sie dort erblickte in ihrer Angst, es war zum Herzzerbrechen, wie sie jammerten!« Nun begriff der Häuptling und ließ sofort das große Kuhhorn blasen, damit alle Leute zusammenkommen sollten. »Auf zum Fest!« rief er, »schlachtet Rinder, kocht schmackhaften Hirsebrei, mahlt Schnupftabak auf den Mahlsteinen, vergeßt auch das Bier nicht zum kräftigen Trunk! Auf zum Fest, zu Ehren des glückbringenden Boten!« Das gab ein geschäftiges Hin- und Herlaufen, bis alles vollendet war. Dann aber sandten mächtige Töpfe Fleisch bezaubernden Geruch in die harrende Volksmenge. Noch teilte sich ihre Aufmerksamkeit, wie man deutlich an ihren Augen sehen konnte, die bald der Richtung des süßen Bratenduftes nachgingen, bald voll Neugierde auf die Veranlassung des Festessens, den Vogel überm Dorftor, schauten. Endlich gab der Häuptling dem obersten Rat das Zeichen, daß das Fest eröffnet sei. »König, Gebieter!« so wandte sich dieser alsbald an den Pfau, »der Mund des Löwen läßt dir sagen: Steig hernieder, wir haben dir ein Huhn geschlachtet, da ist es!«, und damit wies er auf die umfangreichen Töpfe, aus denen der Dampf des Rinderbratens, Kaffersinn verwirrend, emporstieg. Da ließ sich der

herrliche Vogel langsam herab von den hohen Pfählen des Dorftors, schwebte nieder auf die ausgebreiteten Strohmatten. Dann breitete er seine Flügel weit auseinander, und heraus kamen im krausen Durcheinander alle die Kinder, die er so herrlich errettet hatte vor dem Menschenfresser Dimo. Da brach ein heller Jubel los; die Mütter umhalsten die vom Tode Erretteten, und die Kinderschar des großen Dorfes klatschte vor Freude in die Hände und schoß Purzelbäume.
Aber zwei Kinder fehlten, und die Mutter stand abseits und weinte bitterlich. »Warum weinst du denn?« fragte teilnehmend eine Nachbarin. »Ach!«, lautete die Antwort, »ich habe mich versündigt; als der Häuptling das Fest ausrufen ließ, dem Pfau zu Ehren, da habe ich verächtlich gespottet: Was kann solch dummer Vogel uns Gutes bringen! Und nun folgt die Strafe. Ihr alle habt eure Kinder wieder; nur die meinigen hat der Pfau nicht wiedergebracht!« Und bitterlich weinend ging sie weg.
Die übrigen aber feierten das Fest mit großer Freude, lobten und priesen den schönen Vogel.

## Der heilige See

*Schöpfe mir Wasser aus dem See, der keine Frösche hat*

Es war einmal ein Mann, dessen Frau auf den Tod krank darnieder lag. In der höchsten Not fiel ihm ein gutes Heilmittel ein, und sofort machte er sich auf, es zu suchen. Er nahm seine Assagaien und das Kriegsbeil und erlegte einen Büffel. Aus der Leber dieses Tieres kochte er eine Suppe, die seiner Frau sehr wohl tat. Täglich zog er nun aus auf die Jagd. Bald erlegte er einen Hasen, eine Antilope, ein Reh oder gar Blauwildebeest, und stets bereitete er aus der Leber eine köstliche Suppe, die er seinem Weibe als Speise vorsetzte. Und siehe da, die Kranke genas.
Nun geschah es aber, daß auch der Mann von einer gefährlichen Krankheit ergriffen wurde. Als es nun — wie es schien — zu Ende ging, bat er seine Frau, ihm Wasser zu holen aus dem See, der keine Frösche hat. »Woran soll ich aber den See erkennen?« fragte diese. »Geh nur los«, flüsterte der Schwerkranke, »und wenn du an einen See kommst, so rufe laut:

›Mein Mann hat mir geboten, schöpfe mir Wasser aus dem See, der keine Frösche hat.‹ Dreimal mußt du diese Worte laut ausrufen. Bekommst du auch nach dem dritten Mal keine Antwort, so ist es der heilige See, und du kannst schöpfen!« Da nahm die Frau ihre Kalabasse und den Schöpflöffel und ging los. Sie kam zum ersten See und rief dreimal laut: »Mein Mann hat mir geboten, schöpfe mir Wasser aus dem See, der keine Frösche hat!« Als sie das dritte Mal gerufen hatte, antwortete es aus dem See: »Kwaak, kwaak!«, und sie mußte weiterziehen. Sie erreichte bald den zweiten See und tat wie beim ersten. Aber aus der Tiefe antwortete es ebenfalls: »Kwaak, kwaak!« Da kam sie zum dritten See und tat, wie ihr Mann geboten hatte. Als sie zum dritten Male gerufen hatte, blieb es ganz still. Sie bückte sich nun und schöpfte ihre Kalabasse voll Wasser, setzte sie auf ihren Kopf und trug es nach Hause. Dort angekommen, goß sie sich von dem frischen Naß etwas in die hohle Hand und wusch ihr Antlitz. Dabei rannen ihr einige Tropfen auf die Lippen, und sie schmeckte, daß das Wasser süß war wie Honig. Vergessen war der sterbende Mann. Mit Gier leerte das Weib die große Kalabasse. Und auch daran hatte sie noch nicht genug, sondern sie eilte – so schnell sie laufen konnte – zum See zurück, legte sich platt auf die Erde und trank und trank, bis der ganze See leer war und sie zu einer unförmigen Masse aufgeschwollen war, anzusehen wie ein Berg. Sie fiel auf die Seite und konnte sich nicht mehr regen.

Es war aber der heilige See der Tiere des Feldes und Waldes, den sie ausgetrunken hatte, über den ihr König, der Elefant, zwei Wächter gesetzt hatte, den Löwen und den Tiger. Die mußten ihn hüten, damit kein Frosch oder gemeines Tier sich ihm nahe und ihn verunreinige. Daß das Wasser allezeit honigsüß blieb, dazu mußte jedes beitragen. Allabendlich, wenn die Tiere kamen, um ihren Durst zu löschen, brachte jedes ein Stück Honigwabe mit und warf es in den See. Daß aber jenes Weib imstande gewesen, die heilige Stätte zu entweihen, war Schuld der Wächter. Sie hatten an diesem Tage geschlafen.

Die Sonne neigte sich zum Untergang; da kam als erster der Hase, der sich stolz den königlichen Götterboten nennt. Der See war leer; daneben aber lag die unförmige, bergeshohe Masse des Weibes. »Wer hat den See ausgetrunken?« fragte er sie. »Ich weiß nicht«, lispelte sie, kaum hörbar, »die Rinder der Regenpfützen werden es wohl gewesen sein.« Die Tiere kamen unterdessen herbei, eins nach dem andern, ihren Durst zu löschen, und jedes erschrak, daß kein Wasser im See war, und jedes fragte den Hasen, und der Hase verwies sie an das Weib, und das Weib antwortete jedem: »Ich weiß nicht; die Kühe der Regenpfützen werden es wohl ausgetrunken haben!« Zuletzt kam auch der König der Tiere, der Elefant. Die Erde zitterte unter seinen Tritten. »Wo ist das Wasser, Löwe? Wer trank den See aus, Tiger?« »Herr König«, flehten beide, »du weißt, der Schlaf ist ein Feind; er überkam uns, überwand uns und nahm uns gefangen.« Der Elefant aber wurde zornig und fragte abermals: »Wer trank das Wasser aus?« »Herr König«, antworteten die zitternden Wächter, »da ist der Hase, frage ihn!« »Hase«, wandte sich der Gestrenge jetzt an diesen, »gib Aufschluß, wer trank das Wasser aus?« »Da liegt der Sünder!« antwortete dieser und wies auf das Weib. »Herzu, Löwe, und zerreiß sie!« befahl der Elefant. »Erlasse mir, das zu tun!«, bat dieser. »Auf, Tiger, zerkratze sie!« wandte sich der Elefant an den zweiten Wächter. »Gestrenger«, war die Antwort, »das kann ich nicht tun, erlasse es mir!« »So werde ich sie selbst töten«, erwiderte darauf der König der Tiere, »schleppt sie auf die Seite!« Darauf zertrampelte er sie mit seinen Beinen, daß nur eine unförmige Masse übrig blieb. Den Boden des Sees aber befahl er zu reinigen, damit alles Entheiligte aus ihm entfernt werde. Darauf gab er ein Gebot: Niemand solle aus irgendeinem See Wasser trinken, bis die Regenzeit den heiligen See von neuem gefüllt habe.

Der Mann der vom Elefanten zerstampften Frau wunderte sich sehr, daß sie nicht mit dem so heiß ersehnten Wasser kam. Er litt große Pein. Doch wunderbarerweise genas er dennoch von seiner schweren Krankheit. Er war noch nicht ganz wieder hergestellt, als er bereits anfing, nach ihr zu suchen. Auf dem Hofe fand er die leere Kalabasse und den Schöpflöffel. Auf einen Stock gestützt, ging er los, die Verschwundene zu finden. Er kam zum ersten See. Aber sie war nicht da. Er kam zum zweiten; sie war nicht zu sehen. Nun gelangte er beim dritten See an; der war ganz leer, und abseits lag ein Häuflein zerstampfter Menschengebeine. Da fing er bitterlich an zu weinen. Er sammelte die noch vorhandenen Knochen in einen Sack von Büffelhaut, umwickelte ihn mit Ochsenhautriemen und beerdigte sie daheim in einem Vieh-

kral, wie man die Toten zu begraben pflegt, und trauerte lange Zeit um sie.
Der heilige See aber füllte sich im Sommer mit frischem klaren Wasser. Alles Getier des Waldes und Feldes trinkt aus ihm und bringt nach wie vor seine Dankesgabe in Honigwaben. Löwe und Tiger bewachen ihn unausgesetzt, daß kein Frosch hineinhüpfe oder irgendein Unreiner sich ihm nahe.


## Märchen von Chuveane

Chuveane hütete seines Vaters Schafe und Ziegen. Den Eltern aber fiel auf, daß er nur so wenig Milch ins Haus brachte. Noch vor einiger Zeit war es um die Hälfte mehr gewesen. »Was tut der Junge nur mit der Milch«, sprach eines Tages der Vater zur Mutter, »ich will doch einmal gehen und sehen.« Er schlich also dem Sohn nach. Der aber saß unter einem Morulabaum, hielt ein Kind in seinen Armen, das weinte, und Chuveane tröstete es: »Morulachen klein, weine nicht; Morulachen mein, weine nicht!« Der Vater erschrak. Er wußte nicht, wie sein Sohn zu dem Kinde gekommen sein konnte; er hatte doch keine Mutter dazu. Chuveane aber hatte das Kind aus Lehm geformt, ihm Odem eingeblasen und säugte es nun mit der Milch, die er heimlich seinen Eltern entwandte. Eiligst lief der alte Kaffer zu seinem Weibe und erzählte ihr, was er gesehen und gehört hatte. Die kam auch sofort herbei, um sich selbst von der Sache zu überzeugen. Und richtig, es war so wie der Alte ihr erzählt hatte. Da saß Chuveane mit dem Wunderkind, streichelte und päppelte es wie eine zärtliche Mutter. Doch etwas mußte geschehen. Es war ja unerhört, daß ein Kind in die Welt kam ohne Mutter. So etwas konnte doch nicht mit rechten Dingen zugegangen sein. Eines Tages, als sich der Sohn auf dem Felde bei der Herde befand, machten sich die beiden Alten über den Säugling her, wickelten ihn in ein altes Fell und versteckten ihn zwischen Töpfen, Holz und altem Gerümpel, das unter dem hervorstehenden Strohdach der äußerst niedrigen Hütte draußen aufgespeichert war. Als Chuveane am Abend vom Hüten nach Hause gekommen war, saß er wohl auf seinem alten Platz an der Herdstelle am offenen Feuer auf dem Hof wie immer, aber sein Angesicht schien sehr traurig; auch sprach er kein Wort. »Was fehlt dir, mein Sohn?« fragte der Alte. Ein Kopfschütteln war die Antwort. »Warum bist du so traurig, Kind?« fragte seine Mutter. Aber er antwortete nicht. »Junge, das Holz ist alle, lauf, hole mir ein paar Scheite von der Veranda!« befahl die Alte. Er kroch auf allen vieren unter das niedrige Dach, das Gewünschte zu holen. Da gewahrte er ein sonderbares Bündel zwischen den Töpfen und dem Brennholz. Etwas bewegt sich darin. Seine Mutter hatte ihm aufmerksam nachgeschaut. »Sieh da«, sprach sie jetzt zu ihrem Ehemann, »der Junge lacht; er hat das Kind gefunden!« Die Eltern hinderten ihn fortan nicht mehr, das Morulachen zu pflegen. Daß das Kind aber, ohne eine Mutter zu haben, auf die Welt gekommen sein sollte, dies Wunder konnten sie nicht begreifen; da mußte doch wohl eine recht böse Zauberei im Spiele sein.

Chuveane hütete fleißig seines Vaters Herde wie bisher und kümmerte sich nicht um das Gerede der Leute, die bald von dem Wunderkinde gehört hatten. Seinem Vater aber fiel auf, daß sich sein Viehbestand nicht so vermehrte, wie es zu erwarten gewesen wäre. Ob Schaf oder Ziege, sie brachten stets nur ein Junges zur Welt und nicht mehr — wie es oft geschehen war — zwei oder gar drei auf einmal. Chuveane wußte darüber keine befriedigende Auskunft zu geben. Daher folgte ihm sein Vater am nächsten Morgen von ferne, während der Junge die Herde zur Weide trieb. Verwundert sah der Alte, wie alle Schaf- und Ziegenmütter laut meckernd auf den großen Termitenhaufen zuliefen. Sein Erstaunen wuchs, als er aus dem ausgehöhlten Erdhaufen das Schreien von Lämmchen vernahm, die stürmisch nach ihren Müttern verlangten. Da litt es ihn nicht länger in seinem Versteck. Er sprang hervor, öffnete den ausgehöhlten, mit Steinen verschlossenen Termitenhaufen und ergriff die Lämmer, um sie zu ihren Müttern zu führen. Da er aber die einzelnen nicht unterscheiden konnte, gab es ein wirres Durcheinander, und Chuveane, bereits erbost, wurde dadurch noch aufgeregter, erhob seine Hand gegen seinen Vater und schlug ihn. Am Abend desselben Tages kam zum ersten Male die ganze, volle Herde ins Dorf und erregte den Neid aller Einwohner. Als sie den Staub der heranziehenden großen Schaf- und Ziegenschar aufsteigen sahen, schüttelten sie die Köpfe und fragten den Alten: »Wo hast du mit einem Male die übergroße Herde her?« »Mein Sohn hat sie bisher in dem Termitenhaufen versteckt gehalten«, war die Antwort. »Heute lief ich ihm nach und kam auf diese Weise hinter seine Schliche.« Dann erzählte er die ganze Geschichte. Da steckten sie abermals die Köpfe zusammen und sagten: »Das geht keineswegs mit rechten Dingen zu; der Junge ist ein Zauberer!« Und zu seinem Vater sagten sie: »Den müssen wir aus der Welt schaffen, denn erstens hat er ein Kind und keine Mutter dazu, zweitens ist auch die Lämmergeschichte nichts weiter als Zauberei; der bezaubert uns schließlich noch alle, das Dorf geht zugrunde, und wir kommen alle um. Da ist ein Gifttrank, den schütte in seine Milch, damit er stirbt!« Am Abend nun, als der so übel beleumdete Jüngling auf seinem üblichen Platz am Herdfeuer auf dem Hof hockte, kam seine Mutter mit einem Töpfchen Milch. »Trinke, mein Sohn«, sprach sie und reichte ihm den Gifttrank. Er griff danach und schüttete es auf den Lehmflur des mit einem Rutenzaun umgebenen Hofs. »Er hat's gemerkt«, murmelten die Alten. Die Dorfbewohner aber hielten abermals Rat und kamen überein, sein Vater müsse auf Chuveanes Platz an der Herdstelle eine tiefe Grube graben und leicht zudecken. Dann würde er abends hineinstürzen und könnte so unschädlich gemacht werden. Der Mann führte den Auftrag aus. Aber als der Jüngling abends nach Hause kam, drängte er sich zwischen seine Geschwister, die rechts und links von der leichtbedeckten Grube am Herdfeuer saßen. Das gab ein kräftiges Schieben, bis schließlich der neben der Menschenfalle sitzende Bruder mit lautem Schrei in dieselbe hineinstürzte.

Die lieben Nachbarn jedoch fuhren unermüdlich fort, neue Anschläge gegen das Leben des zum Zauberer erklärten Jünglings zu ersinnen. Der aber blieb unbekümmert, freute sich des Wunderkindes und hütete nach wie vor seines Vaters Herde. Im Toreingang des väterlichen Dorfteils wurde nun eine tiefe Grube gegraben, die dann leicht überdeckt und mit Erde überschüttet wurde. Allen Einwohnern wurde geboten, auf Seitenwegen die Herden einzutreiben, nur Chuveane solle durch die Pforte gehen und in die Grube fallen. Da kam er an vom Felde, fröhlich, nichts ahnend. Als er aber das Dorftor sah, wußte er schon Bescheid. Und zur höchsten Verwunderung der lauernden Nachbarn sprangen alle Schafe und Ziegen mit einem Satz über die gefährliche Stelle und ebenso der gehaßte Jüngling.

Das Mißlingen auch dieses Anschlags ärgerte die Leute doch

sehr. Aber noch einmal wollten sie es versuchen. Einmal mußte es ihnen ja doch gelingen. »Laßt uns«, so sprachen die schwarzen Leute, »jetzt einen bewaffneten Mann in eine große Garbe stecken.[11] Wenn dann Chuveanes Vater am Abend sagt: ›Junge, hole mir die Grasgarbe, die dort unterm Baum steht!‹ so soll der Mann in der Garbe den Zauberer totstechen.« Gesagt, getan. Am Abend sprach der Alte zu seinem Sohne: »Dort unterm Baum steht die Grasgarbe, geh und hole sie!« Sofort erhob er sich, nahm aber einen Assagai und noch einen und noch einen, nahm auch den runden Büffelschild in die linke Hand. »Was bedeutet das, warum gehst du mit Waffen, das Gras zu holen?« fragte erschreckt der Vater. »Oh, nichts!« war die Antwort. Dann schleuderte er den Wurfspieß in die Grasgarbe. Der Mann in der Grasgarbe stieß einen Angstschrei aus und versuchte auszureißen, Chuveane hinterdrein. »Helft mir, helft mir!« rief er, »meines Vaters Grasgarbe reißt aus!« Und dabei schleuderte er den zweiten Assagai. Das helle Blut floß aus der davoneilenden Garbe. Da kehrte er zurück und sagte: »Deinen Auftrag, Vater, kann ich nicht ausführen; die Grasgarbe ist mir davongelaufen!« — Da merkten die Leute, daß man ihm nicht beikommen konnte.

Der bisher Verfolgte gewann jetzt die Oberhand und begann nun, die Dorfbewohner zu narren. Eines Tages fand er auf dem Felde ein totes Zebra. Er setzte sich darauf und hütete von hier aus die Herde. Als er am Abend nach Hause kam, fragten sie ihn: »Wo hast du heute gehütet?« »Am Streifchen-Hügelein«, gab er zur Antwort; »da war's sehr schön!« Am zweiten Abend fragten sie ihn wieder, ebenso am dritten und vierten, und jedesmal sagte er: »Am Streifchen-Hügelein; da war's sehr schön!« Eines Tages aber, als er auf dem von der Sonne aufgedunsenen Zebrakadaver saß, geschah es, daß derselbe unter ihm zerplatzte. Als er diesmal daheim gefragt wurde: »Wo hast du heute gehütet?«, gab er zur Antwort: »Am Bruchhüglein war ich heute!« Da wurden sie ärgerlich und sagten: »Was für schnurrige Namen alle deine Hügel haben, du bindest uns Bären auf; morgen wollen wir mitgehen, deine Hügel zu sehen.« Das taten sie auch, und er zeigte ihnen das tote Zebra: »Hier ist der Streifchen-Hügel!« »Wie, du narrst uns wohl? — Zeige uns nun auch den Bruchhü-

---

[11] Zum Decken der Hütte wird das Deckgras in großen Garben von fünfzig und mehr Bündeln auf dem Rücken herangetragen.

gel!« »Ihr steht ja vor ihm«, antwortete er. »Wo?« fragten sie. »Seht ihr denn nicht den zusammengesunkenen Zebrakadaver? Das ist das Bruchhüglein.« »Chuveane«, erwiderten sie darauf, »du bist kein Kind mehr, siehst du nicht, daß dies ein Stück Wild ist? Wenn man dergleichen findet, so macht man einen Verhau aus Baumästen gegen Raubtiere, geht nach Hause und ruft die Leute, mit Körben das Fleisch zu holen.« »Gut!« antwortete Chuveane, »das nächste Mal mache ich's besser.«

Nun fand er eines schönen Tages ein kleines, totes Vöglein. Es war ein Fingerglied lang. Sofort griff er zum Beil, schlug reichlich Äste und Sträucher und türmte sie auf zu einer mächtigen Hecke rings um das Vögelein. Dann eilte er nach Hause, rief die Leute zusammen und sprach: »Kommt herbei, ich habe ein totes Tier gefunden und mit einem dichten Gehege umgeben, wie ihr geheißen; eilt nun herbei mit Körben und holt euch das Fleisch!« Da zogen sie alle aus, Männer, Frauen und Kinder. Die Frauen und Mädchen trugen auf ihren Häuptern mächtige Körbe. Das Wort »Fleisch« hatte sie alle gleichsam elektrisiert. Von weitem schon sahen sie die hohe Umzäunung. »Sicher ein sehr großes Wild«, sagten sie. An Ort und Stelle angekommen, reckten sie sich die Hälse aus. »Wo ist denn das Wild, das du eingehegt hast?« fragten sie. »Ihr seht auch gar nichts«, antwortete Chuveane, »da liegt's ja!« »Ach, ein Kolibri«, stotterten sie enttäuscht. »Aber das ist ja kein Wild; das hängt man sich einfach um den Hals zum Schmuck!« sagten die Männer. »Gut!« antwortete er, »das nächste Mal mache ich's besser.«

So kam er denn kurze Zeit darauf nach Hause, ein Rehböcklein am Halsband hängend. »Hier«, rief er, »das ist ja wohl nach eurem Rat von neulich.« Da schalten sie ihn und sagten: »Mit dir ist nichts anzufangen, du bist verkehrt!« Er aber narrte sie noch manches Mal, bis sie müde wurden, ihm Ratschläge zu erteilen.

Chuveane aber wurde berühmt. Etliche sagen, es sei der große Gott selbst, der die Berge, Flüsse und Wälder geschaffen. Andere Stämme aber sagen, das sei nicht wahr. Der große Gott, Chuveane mit Namen, sei nach seiner Schöpfungstat verschwunden und nicht mehr gesehen worden. Der aber, von dem alle die hier berichteten Geschichten erzählt werden, sei sein Sohn Chutswane, der auch einmal wiederkommen werde, um die Menschen zu Glück und Wohlergehen zu führen.

## Löwe und Pavian überlisten den Elanhirsch

Der Löwe ging aus und fand den Pavian, als er gerade auf einem Maokabaum saß und sich am hervorquellenden Harz gütlich tat. Er rückte ihm auf den Leib, und der Affe konnte nicht entfliehen. Da sprach der Löwe: »Wem gehört das Harz, das du ißt? Weißt du nicht, daß ich der Herr des Grund und Bodens bin?« »Herr und Gebieter«, bat der Gefangene, »verzeih, vergib!« »Schön«, war die Antwort, »ich kenne dich, du bist ein kluger Mann; ich lasse dich los; aber hier meine Bedingung: Geh' hin und fange mir den Elanhirsch!« »Wohl geredet«, sagte der Pavian, »ich werde gehen, um ihn dir zu fangen. Und nun komm, damit ich dir die List verrate, mit der wir seiner habhaft werden können.« So gingen sie miteinander, und er führte ihn zum Fluß, an die Stelle wo alles Wild zusammenkam, um zu trinken. »So«, sagte der Affe, »hier lege dich her und stelle dich tot, zeige die Zähne wie ein gestorbenes Tier es tut.« Der Pavian aber nahm Harz und bestrich ihm die Zähne, daß es aussah wie Blut. Auch Ohren und Nase bestrich er ihm mit demselben Harz. Darauf erhob er ein großes Geschrei, stieß den Löwen mit dem Fuß und rief laut: »Der Zornige ist tot, nun laßt uns singen und springen; der Löwe ist tot, nun laßt uns singen und springen! Ihr Tiere kommt herbei, der Löwe ist tot, laßt uns singen und springen!« Und siehe da, alles Wild des Waldes und Feldes eilte herbei mit einmütigem Jubel, stieß den Löwen mit den Hufen und stimmte mit ein: »Der Löwe ist tot, nun laßt uns singen und springen!« Da kam zuletzt auch der Elanhirsch. Der Pavian stieß den Löwen an und flüsterte: »Der Mann, den du suchst, kommt; verstelle dich gut, damit er nichts merkt, und halte dich zum Sprung bereit!« Und der Elanhirsch kam heran und stieß den Löwen mit seinem Huf, aber als er eben seinen Mund auftun wollte zum Jubel – da sprang der Wüstenkönig auf, und im nächsten Augenblick saß er ihm im Nacken.

## Schildkrötes Sünde
*Alle Früchte des Baumes dürft ihr essen, aber die*
*»Früchte der Hauptstadt« sollt ihr nicht essen*

Ein herrlicher Baum breitete seine Zweige weithin über den grünen Rasen. Alle Tiere ruhten in seinem Schatten. Die Früchte des Baumes waren sehr schön anzuschauen. »Wie herrlich müssen die schmecken«, riefen die Tiere. »Laßt uns zum König senden und um Erlaubnis bitten, von diesem Baum zu essen.« Da sandten sie den Hasen. Er wurde gnädigst vom Herrscher der Tiere empfangen. »Sage meinen Untertanen«, antwortete der, »alle Früchte des Baumes dürft ihr essen, aber die Früchte der Hauptstadt, die süßen, die laßt hängen, die eßt nicht, denn sie sind mein!« Mit dieser Botschaft sprang der Hase davon, immer vor sich hersagend: »Alle Früchte dürft ihr essen, nur der Hauptstadt Früchte nicht!« Hopp, hopp, sprang er dabei über Stock und Stein, hopp — da stieß er an einen Stein und fiel auf den Rücken. Als er endlich wieder auf die Beine gekommen war, hatte er das Verslein vergessen und konnte die Botschaft nicht ausrichten. Der Rat der Tiere wählte nun einen zweiten Boten an den König. Der Buschwildbock wurde gesandt. Er erhielt dieselbe Antwort wie schon der Hase: »Alle Früchte des Baumes dürft ihr essen, aber die ›Früchte der Hauptstadt‹ sollt ihr nicht essen.« Der Bock sprang fort, leichtfüßig wie er war, sah nicht recht noch links, sondern wiederholte ohne Aufhören die Botschaft: »Alle Früchte dürft ihr essen, nur die Frucht der Hauptstadt nicht!« Da — o weh, stößt er gegen einen Stein, fällt, und als er endlich wieder auf den Beinen steht, ist ihm sein Sprüchlein entfallen. Nun sandte der Rat der Tiere den dritten Boten an den König, die Schildkröte. Bedächtig zog sie ihre Straße. Es dauerte lange, bis sie zum König der Tiere gelangte. Sie erhielt dieselbe Antwort, verbeugte sich und trat den Heimweg an. Bedächtig, wie sie gekommen, ging sie auch wieder nach Hause, summte aber unaufhörlich ihr Verslein vor sich hin. »Alle Früchte dürft ihr essen, nur die Frucht der Hauptstadt nicht.« Doch auch der Ruhigste kann straucheln. Das geschah der Schildkröte; sie stieß an einen Stein und fiel auf den Rücken. Aber da sie so bedächtig war, hatte sie Geistesgegenwart und summte selbst noch während des Falles ihr Verslein: »Alle Früchte« usw. Als sie endlich zu Hause anlangte und ihren Kopf in die Versammlung steckte, schaute jedermann gespannt auf den Kahlscheitel. Darunter blickten aber zwei listige Augen hervor. Da wußte gleich jeder: Heute werden wir die rechte Botschaft hören. »Alle Früchte dürft ihr essen, nur die Frucht der Hauptstadt nicht!« begrüßte die Schildkröte den Rat der Tiere. Ein allgemeines Beifallsrauschen war die Antwort.

»Laßt uns nun den Baum ersteigen«, riefen alle. »Komm, Schildkröte, du sollst auch dein Teil haben; klettere mit uns hinauf!« Aber die Schildkröte antwortete: »Bin ich doch viel zu klein, wie soll ich auf den Baum kommen?« sprach's und blieb im Grase sitzen. Die anderen erstiegen die mit Früchten bedeckten Äste. Der Wildbock sprang hinauf, der Tiger kletterte, die Vögel flogen hinein. Die Giraffe aber überragte den ganzen Baum, und alle taten sich gütlich und aßen, sich freuend des gütigen Königs. Nur die Schildkröte saß unten im Grase mit bösen Gedanken. Gegen Abend kamen die Tiere herunter und streckten sich behaglich auf den grünen Rasen. Die Nacht zog herauf, und bald verkündete fröhliches Geschnarche, daß alle im tiefsten Schlaf lagen. Friedlich blickten die Sterne vom Himmelszelt auf die Schläfer nieder. Nur die Schildkröte spürte nichts von Frieden. In ihrem Herzen brannte die Begierde nach den süßen Früchten der Hauptstadt, die noch in den Zweigen hingen. Da schlich sie sich auch schon hin zum Stamm, stieg geräuschlos auf den Baum und aß. Aber nicht genug der Sünde; sie nahm von der Frucht und legte sie zum friedlich schlafenden Elefanten. Damit wollte sie den Verdacht der Täterschaft von sich auf den Rüsselträger lenken. Der Morgen brach an.

Alle Tiere erwachten und reckten und dehnten sich behaglich nach einem erquickenden Schlaf. Zuletzt lenkten sie ihre Aufmerksamkeit dem Segen spendenden Baume zu. O weh, die verbotenen Früchte der Hauptstadt waren nicht mehr da. »Das wird schwere Strafe über uns bringen«, jammerten sie. »Wer mag nur der Sünder sein?« »Schildkröte, das warst du, gestehe es nur ein; hast du doch nicht mit uns zusammen essen wollen!« »Wie? Ich?« lautete die Antwort, »ich, die ich nicht einmal einen Baum zu erklettern imstande bin? Da, der Elefant hat noch eine Frucht neben sich liegen, wendet euch doch, bitte, an ihn!« So log die Falsche. Die Tiere aber beschlossen, den Elefanten sofort zu töten, damit die Strafe von ihnen abgewendet werde. Der Unschuldige mußte mit dem Leben büßen. Sein Fleisch wurde in Stücke zerlegt, um nach Hause transportiert werden zu können. Der Schildkröte legte man eine Hinterkeule auf den Rücken. Dann zogen sie alle im Zuge von dannen. Die Schildkröte aber sang ein Spottlied und intonierte:

>»Wie ist gelungen mir meine List,
>An Fleisch gebricht mir's nun nimmer.
>Der große Koloß gefallen ist;
>Seine Herrschaft zerschlug ich in Trümmer.«

»Was singst du da für einen Gesang, Schildkröte?« fragten die Tiere. »Ich?« antwortete sie, »ich singe nur:

>O weh, gekrümmt mein Rücken ist,
>Schmerz ziehet ihn krumm noch und krümmer;
>Das Fleisch des Koloß, der gefallen ist,
>Mein Rücken erträgt es nimmer.«

»Arme Schildkröte«, erbarmten sich die Tiere, »du brichst zusammen unter der Last; gib nur her die Hinterkeule, trage hier dies Vorderblatt!« Aber es dauerte nicht lange, da sang sie schon wieder ihren Spottvers:

>»Wie ist gelungen mir meine List;
>An Fleisch gebricht mir's nun nimmer.
>Der große Koloß gefallen ist;
>Seine Herrschaft zerschlug ich in Trümmer.«

»Hört, die Schildkröte singt schon wieder«, sagten etliche. »Was singst du denn?« fragten sie. »Ach«, antwortete sie, »was soll ich singen! Hier ist mein Vers:

>O weh, gekrümmt mein Rücken ist,
>Schmerz zieht ihn krumm noch und krümmer.
>Das Fleisch des Koloß, der gefallen ist,
>Mein Rücken erträgt es nimmer!«

»Nehmt ihr das Vorderblatt ab, gebt ihr die Leber zu tragen«, ermahnten die Großen. Da trug sie die Leber. Aber gar bald ertönte schon wieder ihr Spottlied. Diesmal aber verstanden die Tiere den Inhalt desselben. »Halt«, riefen sie dem Sänger zu, »jetzt haben wir dich; du bist der Missetäter und nicht der Elefant, den du durch deine Falschheit sogar noch ums Leben gebracht hast. Warte, deine Strafe wird dich noch treffen!«

Bald darauf war ein großes Fest angesagt. Die Tiere zogen

alle aus. Da, wo die Sommerfäden eine große Brücke bildeten zwischen Erde und Wolken, machten sie halt, um zu verschnaufen. Dann stiegen sie die Brücke hinauf in langem Zuge. Oben wurde ein Ochse geschlachtet zum Festbraten. Dann fiel es allen ein, daß man ja unten die Mahlzeit einnehmen könnte. So zogen sie wieder hinab, wie sie gekommen. Das Fleisch trugen sie auf dem Kopf oder den Schultern, und die schönsten Leckerbissen, nämlich mäßig gereinigte Därme und den Magen, wickelten sie ins Fell des geschlachteten Ochsen. So nahmen sie alles mit sich zum Festplatz. Die Schildkröte aber wollte man zur Strafe für ihre Sünde nicht am Schmause teilnehmen lassen. Oben in aller Einsamkeit sollte sie zurückbleiben, ein Spielzeug der bösen Geister. Aber die Schildkröte war listiger als alle. Sie kroch unbemerkt in den leeren Ochsenmagen, als er noch uneingepackt abseits lag, und ließ sich heimlich mit ins Fell wickeln. Als man nun aber, unten angekommen, das Ochsenfell wieder auseinanderfaltete, siehe, da kroch die Schildkröte aus dem Ochsenmagen heraus.
Die Tiere aber verstießen die Falsche in die Wüste. Kriechend zog sie ab, und ihre Strafe ist, daß sie in steter Angst leben muß. Naht sich ihr irgendein Tier, so zieht die Schildkröte den Glatzkopf ein, fürchtend, daß er ihr abgeschlagen werden könnte. Graue Felsen und dürre Sträucher sind ihre Gespielen, bis sie schließlich von den Hufen einer wilden Büffelherde zertreten wird.

## Wie die Schildkröte des Königs Schwiegersohn wurde

### 1. Der Wettlauf zwischen Schildkröte und Wildbock

Der König hatte ein großes Fest veranstaltet. Das Tor der Hauptstadt wimmelte von Menschen. In mächtigen irdenen Töpfen kochte am offenen Herdfeuer das Ochsenfleisch. Ringsum lagerten die Männer; große Biertöpfe standen in ihrer Mitte. Der Schöpflöffel, aus einem langstieligen Kürbis geschnitzt, machte fleißig die Runde. Jeder empfing den vollen, bis zum Rande gefüllten Schöpflöffel mit Händeklatschen und »Danke, o Löwe, Untier, Krokodil«, worauf er ihn dann bedächtig leerte bis zum letzten Tropfen. Feierlich wanderte darauf das Trinkgefäß von Hand zu Hand, wie es

gekommen, die lange Reihe der Männer hinauf zum Mundschenk, der es seinerseits noch einmal zum Munde führte, prüfend, ob nicht doch eine Hefe zurückgeblieben. Dann schöpft er von neuem, und so wandert der Bierlöffel auf und ab, während die wie Krähen auf der Erde sitzenden Zecher munter schwatzen. Zuletzt trug man auch in Holzwannen das Fleisch auf; das Festessen begann. Dem Rinderbraten schenkte man volle Aufmerksamkeit. Der gleichfalls in hölzernen Schüsseln aufgetragene Hirsebrei dagegen fand weniger Beachtung. Dafür feierte man ein Fest in der Hauptstadt.
Das Mahl war nun beendet. Messer, Gabel und Löffel gab's nicht abzuwaschen. Selbst die Finger fanden nur notdürftige Reinigung. Man schüttete sich gerade eine Prise auf den Rücken der ausgestreckten Rechten, da erschien der König. Stille trat ein. Der König wollte sprechen. »Männer meiner Stadt, begann er durch seinen Mund — den Ratsherrn —, »zwei sind es, die um meine Tochter werben, Schildkröte und Wildbock. Zum Zeichen, daß ich erstere nicht verachte, will ich ein Wettrennen veranstalten. Beide sollen hinaus ins Feld gehen und von einem bestimmten Punkte aus den Wettlauf beginnen. Wer zuerst das Tor der Hauptstadt betritt, der hat den Preis errungen und erhält meine Tochter!« »Herr, Untier, du hast die volle Wahrheit geredet!« so tönte es aus dem Munde der auf der Erde hockenden Männer. Ein Gemurmel des Beifalls summte von Biertopf zu Biertopf, von Fleischschüssel zu Fleischschüssel. Und Wildbock und Schildkröte sanken halb in die Knie, klappten mit den Händen und riefen: »Großer Herr!« Dann machten sie sich sofort auf den Weg zum Ausgangspunkt des Wettlaufes. Der Wildbock war sich seiner Sache natürlich gewiß, und weil er ein so feiner Bursche war und aus vornehmer Familie, gab ihm der König selbstverständlich den Vorzug. Die Schildkröte war allerdings nur ein häßliches Geschöpf, und niemand mochte sie leiden. Deshalb freute man sich auch über die Weisheit des Häuptlings, der mit diesem Wettlauf sich auf eine feine Weise des unbeliebten Gesellen entledigen wollte. Schildkröte jedoch war zwar häßlich, besaß aber viel Verstand und machte mit ihrer List alle anderen zuschanden. Als sie nämlich in Gemeinschaft mit dem Wildbock dahinging zum Ausgangspunkt des Rennens, blieb sie immer ein wenig hinten, legte ein Ei und nach einer kurzen Strecke wieder eins und

noch eins und noch eins, bis sie zu ihrem Ziel kamen. »Auf nun, zum Dauerlauf!« sprach der Wildbock. Und nun ging's los. Der flinke Bursche brauchte sich gar nicht anzustrengen, denn die bepanzerte Schildkröte hampelte nur äußerst schwerfällig hinter dem Leichtfüßigen her, der gar bald ausrief: »Schildkröte, ich bin dir voraus!« Doch horch, da ganz vorn antwortete die Stimme derselben: »Wildbock«, sagte sie, »nein, ich bin dir voraus!« Es waren die Eier des Panzertiers, welche es klugerweise auf dem Hinweg heimlich gelegt hatte. Das Gras war hoch. Da dachte der Wildbock, ei, so ist mir der Schlauberger vorbeigeschlichen, ganz unbemerkt, während ich so langsam ging. Und hurtig sprang er auf seine Beine und flog nur so dahin. »Schildkröte, ich bin dir weit voraus!« rief er alsbald wieder und wandte dabei sein Haupt rückwärts. »Oho, ich bin dir weit voraus!« antwortete von vorn die Stimme der Schildkröte. Der Bock erschrak; er wußte nicht, daß es abermals nur die Eier waren, welche die Antwort gaben. Nun sauste er nur so dahin. »Dies ungelenke Tier, jetzt will ich ihm beweisen, was ich kann«, sagte er. Als er dann einen Augenblick wieder verschnaufte, rief er — diesmal schon atemlos — zurück: »Schildkröte, jetzt bin ich dir aber weit voraus!« »Nein, ich bin dir weit voraus!« ertönte deren Stimme von vorn. Es waren natürlich wieder nur die Eierlein. Der Wildbock aber sprang auf seine Füße und raste davon durch Busch und Feld, über Stock und Stein. Des Häuptlings Kral winkte bereits in der Ferne. Vorwärts stürmt der flotte Renner. Endlich ist er nahe am Tor. Da hält er noch einmal, aber sein Siegesruf erstirbt ihm auf den Lippen; denn Freudenjubel erfüllt plötzlich die Luft. Das Volk hat die Stimme der Schildkröte gehört: »Wildbock, ich bin dir weit voraus, bin am Ziel!« Der Bock war besiegt durch List. Als geraume Zeit vergangen war, kroch der Vater der klugen Eier wie von ungefähr hinter einer Hütte hervor und tat, als wolle er sich nun erst der Öffentlichkeit zeigen. Ein Beifallsrauschen empfing ihn. Es war, als wollte der Jubel kein Ende nehmen. Die Stimmung hatte sich scheinbar zugunsten der Schildkröte verändert; denn der König mußte ja nun sein Wort halten und gab ihm seine Tochter zum Weibe.

## 2. Des Wildbocks mißglückte Rache

Des Wildbocks ganzes Sinnen und Denken ging fortan darauf, wie er den verhaßten Sieger aus dem Weg räumen könnte. Da ersann er eine List. Er lud ihn zu einer Wette ein. Laß uns ein großes Feuer anzünden, sprach er zur Schildkröte, und sehen, wer von uns beiden am besten springen kann. »Über das Feuer springen, das wird meinerseits nicht gehen«, antwortete dieselbe. »Gut«, erwiderte darauf der Wildbock, »so will ich springen, und du kannst ja durch das Feuer hindurchkriechen; aber du mußt den Anfang machen.« »Das will ich tun«, sagte das Panzertier und marschierte gerade auf das Feuer los, kroch dann aber seitwärts unbemerkt ins Gras und warf von dort aus zwei wilde Äpfel in die Glut. Piff, paff! platzten die Äpfel im Feuer. Der Wildbock sah, wie sie dabei hochgeworfen wurden. »Aha«, rief er aus, »das waren die Augen der Schildkröte; das Feuer hat sie also richtig gefressen; sie ist tot.« Sprach's und ging davon. Am nächsten Morgen kam er wieder. Die große Glut war erloschen. Da nahm er einen langen Stab und sagte: »Jetzt werde ich meinen toten Feind aus der Asche ziehen.« Aber er mußte lange suchen; endlich fand er ihn. »Schildkröte«, rief der Wildbock und klopfte dabei auf den Panzer, »heute esse ich dich!« O weh, wie erschrak er, als der vermeintliche Tote antwortete: »Du kannst mich nicht essen; denn noch lebe ich!«

Nun versuchte der Wildbock noch einmal, ob er nicht doch seinen Feind auf listige Weise aus dem Leben schaffen könnte. »Freund«, sprach er deshalb, »unsere Wette ist noch nicht zu Ende. Laß sie uns zu Ende führen. Erst gehst du durchs Feuer, dann folge ich hinterher.« »Warum nicht«, antwortete der Angeredete, der wohl merkte, worauf es hinaus ging, »aber diesmal mußt du den Anfang machen.« Der Wildbock ging darauf ein. Bald prasselte ein fürchterliches Feuer von Ästen und Reisig. Dem Bock klopfte zwar das Herz dabei, aber er tröstete sich mit dem Gedanken, daß er ein guter Springer sei. Und so nahm er einen tüchtigen Anlauf, sprang und — sprang zu kurz. Da lag er nun mitten im Feuer, er, der seinen Gefährten gern darin gewußt hätte. Piff, paff! knallte es aus den Flammen heraus. »Da platzen des Wildbocks Augen«, murmelte die Schildkröte und kroch langsam nach Hause. Am anderen Morgen stellte er sich wieder ein, mit einem langen Haken bewaffnet, durchwühlte die Brandstätte, fand den verkohlten Wettlustigen und klopfte ihm mit dem Haken auf den Rücken und sprach: »Wildbock, heute esse ich dich!« Doch keine Antwort kam zurück; er war wirklich tot. Da aß die Schildkröte den Wildbock. Aber aus den Gebeinen löste er einige Knöchelchen, machte daraus eine Flöte und blies:

»Tü, tü, Wildbock ist nicht mehr hie!
Tü, tü, das Feuer fraß ihn gestern früh!
Tü, tü, Wildbock, du warst ein dummes Vieh!«

So flötend zog die Schildkröte davon. Der ihn verderben wollte, war selbst ins Verderben gefallen und mußte nun noch nach seinem Ableben dem anderen zur Kurzweil dienen.

### 3. Wiedererlangung der geraubten Flöte und endliches Glück

»Tü, tü, der mich töten wollte ist nicht mehr hie!
Tü, tü, sein Feuer fraß ihn gestern früh!
Tü, tü, Wildbock, du warst ein dummes Vieh!«

so sang die Schildkröte auf dem Heimweg. Aus dem breiten Fluß aber steckte das Krokodil seinen häßlichen Kopf heraus. Die Flöte gefiel ihm: »Das ist ein prächtiges Ding, Freund, leih mir doch einmal dein Flötlein.« »Ach du«, antwortete die Schildkröte, »du willst sie mir doch nur wegnehmen.« »Bewahre, nein«, gab der Wasserbewohner zurück; »laß mal sehen, was du hast.« Da reichte ihm der Kahlkopf die Flöte.

»Tain, tain, ich nehme dich mit ins Wässerlein!
Tain, tain, ich nehme dich mit ins Wässerlein!«

blies das Krokodil. »Gib mir nur meine Flöte wieder her«, rief ersterer auf die verdächtigen Töne hin. »Was habe ich denn gesagt?« heuchelte der Gefragte. »Singst du nicht, daß du die Flöte mit in die Tiefe nehmen willst? Darum her mit meinem Eigentum!« sprach der am Ufer Stehende. »Tain, tain«, klang es noch einmal kurz — da war der Dieb auch schon mit der Wildbockflöte in der Tiefe verschwunden, und der eigentliche Besitzer hatte das Nachsehen. Aber Schildkröte ließ den

Mut nicht sinken. Am anderen Morgen stand er wieder vor der Untiefe. Eine Taube hatte den Raub mit angesehen und warf sich nun zum Verbündeten des Beraubten auf. Von ihrem hohen Sitz aus konnte sie alles besser überschauen als die im hohen Gras daherkriechende Schildkröte. »Da hinten liegt das Krokodil und sonnt sich auf einer Sandbank; wessen Fleisch will es heute wohl fressen?« gurrte die Taube. Aber eine zweite Taube hielt es mit dem Krokodil und gurrte laut und warnend:

»Huckut, tauch in die Flut!
Huckut, tauch in die Flut!«

Da verschwand es in der Tiefe. Die Schildkröte aber wußte neuen Rat, machte die Futterstelle der feindlichen Taube ausfindig und streute die Hacheln der Disteln dort hin. Die Taube aber schluckte sie unversehens mit hinunter. Als sie nun am anderen Morgen das Krokodil vor der Schildkröte warnen wollte, konnte sie nicht gurren, weil ihr die Disteln im Halse saßen. Nun hatte die erste Taube gewonnen und gurrte laut in den heißen Sommertag hinein:

»Huckut, die Sonne meint's gut,
Huckut, heraus aus der Flut!«

Da steckte das Krokodil seinen Kopf aus dem Wasser, kroch hervor und begab sich auf die weiche Sandbank. Das war das Zeichen für die Schildkröte. So schnell, wie es nur der schwere Panzer erlaubte, kam der Kahlkopf heran, und ehe sich das Krokodil versah, war ihm die Flöte vom rechtmäßigen Eigentümer wieder abgenommen.
Doch war es dem Herrscher der Tiefe nicht gelungen, der Schildkröte das Siegeszeichen zu rauben, so versuchte es jetzt der Herrscher der Lüfte, der Reiher. Die Schildkröte, froh ihre Wildbockflöte wieder in Händen zu haben, zog fröhlich flötend von dannen.

»Tü, tü, der Wildbock ist nicht mehr hie!
Tü, tü, das Feuer zahlt ihm seine Müh!
Tü, tü, solch einen Dummkopf sah ich nie!«

Das hörte der Reiher und stieg herab aus den Lüften. »Ei«, sagte er, »wie schön das klingt! Laß mich doch auch einmal auf deiner herrlichen Flöte blasen!« »Ach du«, lautete die Antwort, »du bist nicht besser als das Krokodil; du reißt nachher auch mit meiner Flöte aus.« Der Reiher aber schmeichelte und bat. Da erhielt er das Instrument.

»Tö, tö, dich nehm' ich mit zur Höh'!
Tö, tö, dich nehm' ich mit zur Höh'!«

blies er. »Da haben wir's«, sagte das Panzertierchen, »gib mir nur schnell meine Flöte wieder!« »Sei kein Tor«, erwiderte der Angeredete, »fällt mir ja gar nicht ein, das Ding mit in die Lüfte zu nehmen. Tö, tö«, blies er wieder, »tö, tö, auf, auf zur Höh!«, und da schwebte er auch schon davon. »Das habe ich nun von meiner Gutmütigkeit«, sagte die zum zweiten Male Getäuschte. Dann ging sie zur Spinne und bestellte sich eine lange Schnur, die bis in die Wolken reichte. Daran kletterte sie hinauf, empor zu den Höhen des Diebes. Da konnte sich dieser nicht mehr wehren und gab das Entwendete zurück.
Aber als sich nun die Schildkröte anschickte, wieder zur Erde zurückzukehren, riefen etliche Leute, die da oben gerade einen Ochsen geschlachtet hatten: »Heda, Freund, wie gedenkst du denn wieder nach unten zu gelangen? Da haben sie ja das Ende abgeschnitten von deiner langen Schnur!« Die Schildkröte wußte aber auch diesmal Rat. In einem unbewachten Augenblick kroch sie ins Ochsenfell und legte sich zwischen das frische Fleisch, das darin eingewickelt war. So trugen sie die Leute, ohne es zu wissen, auf ihren Rücken zur Erde. Als sie, unten angelangt, das Fell auseinanderfalteten, marschierte die Schildkröte heraus und ging »tü, tü!« nach Hause zur Königstochter und lebte mit ihr heiter und vergnügt bis ins Alter.


## Maschilo und Maschilwane oder der Brudermord

Maschilo und Maschilwane waren Brüder und Häuptlingssöhne. Maschilo war der ältere, Maschilwane der jüngere. Dieser hatte einen Hund, und jener hatte auch einen Hund. Die Brüder kamen überein, sie wollten jagen gehen. Und sie zogen aus. Als sie nun im Felde waren, sahen sie einen großen Baum. Maschilwanes Hund lief rechts um den Baum herum und fand eine Höhlung im Stamm, stand und beroch den Eingang, bis sein Herr dazu kam. Der, verwundert über des

Hundes Gebaren, brach den Eingang auf, und siehe da — heraus kamen schöne fette Kühe, die sehr groß waren, und prächtige Färsen befanden sich darunter. Der Hund Maschilos lief auch um den Baum herum, aber auf der anderen Seite, fand eine Höhlung und beroch den Eingang. Sein Herr trat herzu, öffnete, und siehe da — heraus kamen magere und dürre Kühe. Die Brüder trieben alle Kühe zusammen und traten dann den Heimweg an. Maschilo aber war neidisch auf die fetten Kühe Maschilwanes, erhob sich gegen seinen Bruder und schlug ihn tot. Darauf trieb er die ganze Herde allein weiter, dem Dorfe zu. Es begegnete ihm aber ein Mann, der fragte ihn und sprach: »Wo hast du denn die vielen Kühe gefunden?« »Im hohlen Baum fand ich sie!« antwortete Maschilo. »Wo ist aber dein Bruder Maschilwane?« forschte der Mann weiter. »Ich weiß nicht«, antwortete Maschilo, »er hat gesagt: Ziehe nur voraus mit den Kühen, ich komme nach.« Der Hund aber des Erschlagenen erhob bei diesen Worten ein Geheul und sagte: »Hu, hu, Maschilo hat Maschilwane erschlagen; der Kühe wegen hat er ihn erschlagen, weil er sah, daß seine eigenen mager waren!« Da erschrak jener Mann und ging eilends an Maschilo vorüber und seines Weges weiter. Als dieser nun mit den Kühen in die Nähe des Dorftors kam, da begegneten ihm mehrere Männer. »Maschilo«, sagten sie, »wo hast du die vielen Kühe her?« »Im hohlen Baum fand ich sie!« lautete die Antwort. »Wo ist aber dein Bruder Maschilwane?« fragten sie weiter. »Ich weiß nicht«, erwiderte er; »er hat gesagt, ziehe nur voraus mit den Kühen, ich komme nach.« »Hu, hu«, heulte da plötzlich wieder der Hund des Erschlagenen, »hu, hu, Maschilo hat Maschilwane erschlagen; der Kühe wegen hat er ihn erschlagen, weil seine eigenen häßlich und mager, die des Bruders aber schön und fett waren!«

Da langten sie beim Dorftor an. Alle Einwohner liefen zusammen, die Kühe zu sehen und ihrem Besitzer dazu zu gratulieren. »Wo ist aber dein Bruder Maschilwane?« fragten sie ihn. »Ich weiß nicht«, gab der Gefragte zurück, »er hat gesagt, ziehe nur voraus mit den Kühen, ich komme nach.« Kaum jedoch hatte er ausgesprochen, siehe, da sprang der Hund seines erschlagenen Bruders einer Kuh in den Nacken, heulte und bellte: »Hu, Maschilo hat Maschilwane erschlagen; der Kühe wegen hat er ihn erschlagen, weil seine eigenen häßlich und mager, die des Bruders aber schön und fett waren!« Und damit sprang der Hund vom Nacken der einen zum Nacken der anderen Kuh und so von Kuh zu Kuh, immerfort heulend und wehklagend, so daß alle Dorfbewohner sehr erschraken und einer den anderen bestürzt anschaute. Dann aber brach sich der Unwille Bahn; ein großer Lärm entstand. »Heda, Maschilo, was bedeutet das, wo ist dein Bruder Maschilwane?« Doch der Brudermörder gab nur dieselbe Antwort wie schon vorher: »Ich weiß nicht«, sagte er. »Auf denn«, riefen sie, »führe uns zu dem Ort, wo du ihn verlassen hast; wir wollen ihn suchen.« So zogen sie alle aus, der Hund heulend voran. Sie kamen bald zu dem hohlen Baum, den sie nun von allen Seiten genau untersuchten. »Hier ist Maschilwanes Vieh herausgekommen, all die fetten Kühe sind aus der Höhlung auf dieser Seite hervorgegangen«, sagte einer zum anderen. Darauf zogen sie vorüber, den Verschwundenen zu suchen. Maschilo bekam Angst, und er führte die Sucher in ganz verkehrter Richtung. Da war es wieder der Hund, der das Zeichen gab. Er wollte durchaus dem Zuge nicht folgen und bellte »hu! hu!« Deshalb verließen die suchenden Dorfbewohner die erste Richtung und folgten dem Hund. »Der wird uns zeigen, wo sein Herr zu finden ist«, sagten sie. Und das treue Tier lief vor ihnen her, bis es an den Ort kam, wo der Brudermord begangen worden war. Die Dorfgenossen begruben den Leichnam Maschilwanes. Dann begaben sie sich nach Hause und verkündeten die schreckliche Geschichte. Die schönen, fetten Kühe, berichteten sie, gehören nicht Maschilo, sondern Maschilwane; Maschilo hat seinen Bruder erschlagen! Da erhob sich ein furchtbares Wehgeschrei in dem ganzen Dorf. »Auf, laßt uns Maschilo töten!« riefen sie. Doch einige waren dagegen und sprachen: »Laßt uns den Brudermörder nicht töten, sondern ihn aus unserem Dorf austreiben, er sei verbannt für immer!« Und so jagten sie ihn davon.

## Vom Sohn des Maschilo

Maschilos Sohn war König geworden und nahm sich als vornehmer Herr viele Weiber. Es brach aber eine Hungersnot aus, und der Hunger wurde so groß, daß selbst der König nicht mehr wählerisch war mit den Speisen. Eines Tages tötete er mehrere Mahuhumedi, das sind große, häßlich aussehende Eidechsen, die schon mehr dem Leguan ähnlich sind und in Felsklüften wohnen. »Nimm hin«, sprach er, der ersten Häuptlingsfrau, auch die große Frau genannt, die häßlichen Tiere reichend, »koche mir dies Fleisch!« Die aber weigerte sich, warf sie weg und sagte: »Ich mag nicht solch schlechtes Zeug essen, das jedermann verachtet.« Maschilos Sohn aber hob seine Mahuhumedi auf und brachte sie einer seiner anderen Frauen. Die aber gab ihm dieselbe Antwort wie die große Frau. Desgleichen taten alle seine Weiber. Da trug er das verachtete Wildbret zu der allergeringsten unter ihnen. Und siehe da, diese allerverachtetste tat nach seinem Geheiß und kochte ihm die Mahuhumedi. Da kam der König und aß. Von dieser Stunde an zeichnete er das verachtete Weib vor allen anderen durch Gunstbeweise aus. Hatte er mit seinem Wurfspeer irgendein schönes Wildbret erlegt, so brachte er es stets zu ihr; sie bereitete es zu, und er aß und ließ die schönsten Bissen für sie liegen, und sie aß. So waren beide bald sehr wohlgenährt. Die übrigen Weiber aber mußten hungern.

Die große Frau wurde neidisch und sann auf Rache. Eines Nachts erhob sie sich, schlich an die grasbedeckte niedrige Hütte ihrer Nebenbuhlerin, schob die aus Baumstämmen gehauenen dicken Brettstücke von der Türöffnung hinweg und kroch auf allen vieren hinein. Da lag das früher verachtete Weib unter ihrem gegerbten Kuhfell auf einer Strohmatte und schlief; ihr Kopf ruhte auf der Kopfunterlage. Die Frau befand sich im tiefsten Schlaf. Das Fleisch eines Wildbockes hing an einer Schnur von dem räuchrigen Dach der niedrigen Hütte herab. Ein großes Stück lag bereits fertig gekocht im irdenen Topf am Feuerherd. Das stahl die eingedrungene große Frau, floh nach Hause und aß es auf. Maschilos Sohn aber, als er am nächsten Morgen von dem Diebstahl hörte, wurde zornig, rief alle seine Leute zusammen und sprach: »Wer hat das Fleisch gestohlen?« Die aber schüttelten verwundert die Köpfe und antworteten: »Wir sind es nicht gewesen.« Und die große Frau antwortete mit ihnen: »Wir sind es nicht gewesen.« Als der König nun sah, daß er auf diese Weise nicht zum Ziele gelangen könnte, spann er eine lange Schnur. Darauf versammelte er abermals alle seine Untertanen und ging mit ihnen zu einem tiefen, steil abfallenden Wasserloch. Hier band er die Schnur an einen Baum und zog sie über den Abhang, um sie am anderen Ufer abermals an einen Baum zu binden. »Hört nun meine Rede!« rief er aus: »Ein jeder von euch hat an dieser Schnur über das tiefe Wasserloch zu gehen!« Da trat der erste herzu, faßte mit beiden Händen das straff gezogene Seil und ging an ihm hinüber. Während er über dem Abgrund schwebte, stand die Menge abseits, klappte mit den Händen und sang:

»Sehne zerreiße, Seil zerreiße dem,
Der dem Sohne Maschilos das Fleisch aufgegessen!«

Dann kam der zweite an die Reihe, dann der dritte, bis schließlich das ganze Volk hinübergegangen war. Und jedesmal mußten die am Ufer stehenden jenes Verslein singen. Zuletzt war nur noch die große Frau übrig. Sie griff nach dem Seil, und das Volk klappte mit den Händen und sang:

»Sehne zerreiße, Seil zerreiße dem,
Der dem Sohne Maschilos das Fleisch aufgegessen!«

Da – o Graus – zerriß das Seil, und sie stürzte in die Tiefe. Der König aber rief laut: »Singt ihr ein Spottlied!« Und das ganze Volk stimmte ein Spottlied an, stampfte mit den Füßen den Takt und klappte mit den Händen dazu. Das war das Ende der Fleischdiebin.

Die Tochter der Hingerichteten, als sie sah, was man ihrer Mutter getan, ging still nach Hause, kroch in die Hütte und legte die Perlenkette, ihrer Mutter königlichen Schmuck, um den Hals. Dann bekleidete sie sich mit ihren besten Kleidern, mit den mit roten, grünen, weißen und anderen Glasperlen besetzten Lendenfellen, und ging davon. Die ältere Schwester dieses Mädchens war mit dem Häuptling eines Nachbarstammes verheiratet. Dahin wollte sie gehen. Als sie nun auf dem Wege war, begegnete ihr ein fremdes Mädchen, das sprach zu ihr: »Du Königstochter, leihe mir doch dein Geschmeide, daß ich mich einmal ein Weilchen damit schmücke.« Die Angeredete war so gutmütig, daß sie ihren Schmuck nahm und der anderen wirklich lieh. »Ich werde es dir dort oben am Weg alles wiedergeben«, sprach die Fremde, und damit legte sie die königliche Perlenkette um ihren Hals. Doch sie gingen weiter und weiter, und sie machte keine Miene, das Geliehene wieder zurückzugeben. Da faßte sich die Häuptlingstochter ein Herz und bat: »Gib mir meine Perlen wieder!« Aber sie erhielt zur Antwort: »Ich werde sie dir wiedergeben, wenn wir bei der Rinderweide angekommen sind.« Aber sie dachte gar nicht daran, das Geschmeide zurückzugeben. Denn bei der Rinderweide antwortete sie: »Du sollst deine Perlen bekommen, wenn wir bei der Ziegenweide angekommen sind.« Und bei der Ziegenweide antwortete sie: »Du wirst sie wiederbekommen, wenn wir bei der Zickelweide angelangt sind.« Und bei der Zickelweide sprach sie: »Du wirst sie am Dorftor erhalten, wo die Männer sitzen.« So betrog sie das unglückliche Kind. Denn als sie am Tor der Männer angekommen waren und die Königstochter zum letzten Male verzweifelt ausrief: »Gib her!«, da ward die Fremde zornig und schrie: »Willst du mich gar in der Leute Mund bringen?« So gingen sie ins Dorf hinein und kamen zum Hof des Häuptlings, wo die Schwester wohnte. Ein übermannshoher dichter Rutenzaum umgab ihn. Sie schritten durch die schmale Türöffnung. Da, vor der runden Hütte, im kuhmistbestrichenen, wie eine Tenne glatten Hof, saß auf der Erde an der runden Feuerstelle die große Häuptlingsfrau und rührte mit einem Quirl gerade das Hirsemehl ins kochende Wasser, um ihrem Mann den steifen Hirsebrei zu bereiten. Da traten die beiden Gäste ein, die eine geschmückt mit dem königlichen Geschmeide, die andere ohne Abzeichen. Was Wunder, daß die Häuptlingsfrau der ersteren glaubte, daß sie ihre Schwester sei. Hatten sie sich doch vor undenklich langer Zeit zuletzt gesehen, als die als Gast bei ihr Eintretende noch ein kleines Kind war. Bald war im ganzen Dorf die Kunde von der Ankunft der Fremden verbreitet. Die Leute liefen zusammen, um die Schwester der großen Häuptlingsfrau zu sehen und zu grüßen. Die falsche Königstochter nahm alle Huldigungen lächelnd an, während die wahre überhaupt gar nicht beachtet wurde. Sie galt als Dienstmagd. Und so tat man, als es zum Essen ging, dem armen Kind den steifen Hirsebrei in eine alte, zerbrochene Holzschüssel; aber der Betrügerin wurde die Speise in einer blendend weiß gescheuerten Holzschüssel aus Morulaholz dargereicht. Am anderen Morgen hieß es: »Die Dienstmagd, das Lumpenmädel, kann im Hirsegarten die Vöglein scheuchen!« Da saß nun die echte Königstochter im Hirsegarten und scheuchte die Vögel. Und wenn die Feldtauben sich niederlassen wollten, dann schrie sie, klappte mit den Händen, bis sie fort waren. Die Leute aber, welche in den Nachbargärten waren, wunderten sich über die sonderbaren Worte, welche das Kind dabei sprach; denn während sie die Tauben aufscheuchte, sang sie jedesmal:

»Gurre, gurre, husch, ihr Tauben,
O du Halm, wackle, wackle,
Bringe mich zu meiner Mutter in der Tiefe!
Meine Schwester Tlakalebala tut mir Unrecht,
Reicht mir die Speise in einem Mäusenapf
Und der Moßelampscha in der Schüssel!«

»Da steckt etwas hinter!« sprachen die Leute, kamen wieder und wieder aus ihren Lauscherplätzchen, um den besonderen Gesang des Mädchens zu vernehmen. Schließlich erzählten sie es der großen Häuptlingsfrau. »Geh selbst in den Garten und höre, was sie fort und fort den Tauben und Hirsestengeln vorsingt.« Da machte sie sich auf zum Garten, versteckte sich gut und lauschte. Horch, da sang das Mädchen:

»Gurre, gurre, husch, ihr Tauben,
Tlakalebala, meine Schwester, tut mir Unrecht;
Husch, ihr Tauben!
O du Halm, wackle, wackle,
Bringe mich zu meiner Mutter in der Tiefe!
Tlakalebala, meine Schwester, tut mir Unrecht,
Reicht mir die Speise in einem Mäusenapf
Und der Moßelampscha in der Schüssel!«

Und das Kind sang weiter und immer wieder jene klagenden Worte. Ihre Schwester erschrak sehr, kam herbei, ergriff sie und schaute ihr in die Augen; wirklich, es war ihre Schwester; jetzt erkannte sie sie und weinte sehr: »Ach, daß ich dich so schlecht behandelt habe!« Unterdessen hatten sich die Leute aus den Nachbargärten versammelt. »Was sollen wir nun tun?« fragte die ältere Schwester. »Denn jene Betrügerin trägt den königlichen Schmuck!« »Laßt uns zum Häuptling gehen!« antworteten die Leute, »wir wollen ihm die Sache vortragen.« Das taten sie. Der rief alle seine Leute zusammen und sprach: »Auf, laßt uns eine Grube graben!« Da gruben sie eine sehr tiefe Grube. Der falschen Häuptlingstochter aber wurde nichts von dem Zweck verraten. Dann goß der Häuptling verzauberte Milch in einen Topfscherben und stellte ihn tief unten in die Grube. Der Schuldige sollte dadurch hinabgezogen werden. »Kommt alle!« rief der Häuptling abermals. »Höret meine Rede!« sprach er, »jedermann, wer er auch sei, soll über dies Loch springen; legt die hindernden Kleider ab und springt hinüber.« Und einer nach dem anderen sprang hinüber. Zuletzt kam auch die Reihe an den Gast im königlichen Schmuck. Die aber weigerte sich beharrlich; die Leute baten, drangen auf sie ein und sprachen: »O nicht doch, Tochter des Königs, auf und springe hinüber; auf und springe hinüber!« Da wurde sie matt und gab nach, legte den Schmuck ab und sprang. Die Zaubermilch aber zog sie in die Grube, das Weib fiel hinab. — Ein lautes Jubelgeschrei erhob sich alsbald aus der großen Versammlung. Schnell wurde die Grube zugeschüttet, und jeder half dabei mit Freuden, weil jene Fremde die richtige Königstochter und alle anderen so arg betrogen hatte. Das königliche Geschmeide aber legten sie nun dem bisher so verachteten Mädchen an, und das ganze Dorf freute sich mit ihr, daß noch alles zum guten Ende gekommen war.

Aber siehe da, nach einer Weile wuchs ein Kürbis auf dem Grabe Moßelampschas und trug eine Frucht. Eines Tages, als die Kinderwärterin auf des Häuptlings Hof vor dem Hause saß, rollte der Kürbis heran und bat um Speise. Und sie gab sie ihm. Fortan rollte der Kürbis regelmäßig jeden Tag auf den Hof des Häuptlings und aß. Die Mutter aber merkte bald, daß ihre Kinder immer magerer wurden. »Woran liegt es, daß ihr so abnehmt?« fragte sie, »wir arbeiten den ganzen Tag im Felde, und kommen wir abends nach Hause, so finden wir jedesmal, daß eure Backen wieder etwas dünner geworden sind.« »Daran ist der Kürbis schuld, der von dort kommt«, sagten die Kinder und zeigten zu dem Grabe hinüber. Die Mutter erzählte es dem Häuptling. Der kam und fragte seine Kinder abermals: »Wo kam der Kürbis her?« »Von Moßelampschas Grab; denn dort ist eine Kürbisstaude gewachsen, die trägt eine Frucht, die täglich auf unseren Hof rollt und unsere Speise ißt.« »Es ist gut!« antwortete der Vater. Am anderen Tag, als die Frauen auf die Hirsefelder gegangen waren, legte er sich auf die Lauer. Es dauerte nicht lange, da rollte der Kürbis zum offenen Hoftor herein und sprach: »Jetzt jage ich wieder die Kinder vom Hirsebrei!« Doch da brach der Häuptling aus seinem Versteck hervor, und mit einem dicken Stock zerschlug er den Kürbis. Darauf rief er seine Diener und befahl ihnen: »Nehmt Kohlen vom Herd und tragt sie zu Moßelampschas Grab, zündet ein großes Feuer an und verbrennt alles, was darauf steht!« Die Diener taten, wie er befohlen hatte. Und von Stund an war Ruhe im Dorf, und der Geist der Missetäterin blieb gebannt.

# Thakane und Thakanjane

*Wie das Holzlesemädchen dem Löwen entrann*

Die Sonne sandte ihre ersten Strahlen über die kahlen Felsenberge, und es versprach ein heißer Tag zu werden. Da sah man eine kleine Schar junger Mädchen im Gänsemarsch den Kral verlassen. Ein jedes hatte einen langen Ochsenriemen zusammengerollt in der Hand. Sie gingen hinaus zu den dichten Büschen, Reisig zu sammeln. Der Weg, den sie einschlugen, war so schmal, daß sie gerade einen Fuß vor den andern setzen konnten. Links und rechts war hohes Gras, das manchmal mit seinen langen Stengeln den schmalen Pfad ganz und gar verdecken wollte, so daß Thakanjane, die voran ging, plötzlich über einen Felsstein stolperte. Lautes Geschrei erhob sich. Die jungen Mädchen machten sich, mit großen Steinen bewaffnet, über den im Wege liegenden Stein des Anstoßes her und warfen so lange nach ihm, bis er in zwei Stücke zersprang. Dann liefen sie in die dichten Holzbüsche und sammelten fleißig Reisig. Eine jede band ihr Bündel mit dem Ochsenriemen zusammen, den sie mitgebracht hatten. Dann kehrten sie nach Hause um. Singend und tänzelnd, das Reisigbündel auf dem Krauskopf, zogen sie im Gänsemarsch wieder ab. Aber siehe da, als sie bei dem Stein des Anstoßes angekommen waren, versperrte er wieder den Weg. Sie wurden sehr traurig und fingen unter Tränen an, den Stein zu besingen:

»Felssteinchen, zerbrochen im Wege,
Laß freundlich mich, bitte, vorbei.
Ich habe dich ja nicht zerbrochen;
Thakanjane schlug dich entzwei.«

Da hob sich der Stein und schob sich ein wenig an die Seite, ließ das erste Mädchen vorbei und rollte dann wieder in die Mitte des Weges zurück. Da fingen die Mädchen abermals an zu weinen und sangen:

»Felssteinchen, zerbrochen im Wege,
Laß freundlich mich vorbei.
Ich habe dich ja nicht zerbrochen;
Thakanjane schlug dich entzwei.«

Und siehe da, der Stein ließ sich erweichen und machte auch zum zweiten Male Platz für eins der Mädchen und so auch beim nächsten und übernächsten Mal, bis nur noch Thakanjane und Thakane übrig blieben. Die wollte der Felsstein aber beide nicht durchlassen. Als aber Thakane nicht aufhörte mit Weinen und Singen, ließ er sie zuletzt auch noch vorbei. Thakanjane blieb nun ganz allein zurück. Doch so schön sie auch sang und so heiße Tränen sie vergoß, der Stein blieb hart. Die Sonne war schon längst untergegangen und die anderen Mädchen lange weggelaufen, siehe, da hob sich der bisher so grausam und harte und unbarmherzige Stein ein klein, klein wenig. Hurtig sprang nun Thakanjane durch die entstandene Öffnung. Aber der Felsstein war hinterlistig genug und klappte so kräftig zurück, daß er das Mädchen arg verletzte. Aber sie fühlte es kaum vor Freude, daß sie endlich erlöst war. Doch war es mittlerweile so dunkel geworden, daß sie sich nicht mehr nach Hause fand. Plötzlich sah sie ein Feuerlein brennen. »Ach«, sagte sie, »nun sehe ich endlich Licht; ich bin gewiß gleich zu Hause.« Und richtig, eine runde Hütte mit niedrigem Strohdach tauchte in ihren Umrissen aus dem Dunkel auf. Sofort eilte Thakanjane vorwärts. Doch siehe da, es war nichts als eine einzelne runde Hütte; außerdem konnte sie nirgends den Eingang finden. Da rief sie laut: »Wie kommt man denn hier hinein?« Und ganz tiefe Baßstimmen antworteten: »Steig aufs Dach und komm herein, mein Kind!« Sie aber rief noch lauter: »Wie kommt man denn hier hinein?« Zuletzt erschien eine alte Frau und öffnete ihr die Hütte. Sie schaute sich das junge Mädchen von oben bis unten an und sprach mit leiser, mitleidiger Stimme: »Mein Kind, wie bist du hierher gekommen! Weißt du denn nicht, daß dies die Hütte der menschenfressenden Löwen ist? Oh, wie viele haben die schon aufgefressen! Auch mich haben sie gefangen und hätten mich gern schon lange aufgefressen, aber sie sagen, ich sei ihnen zu runzelig und mager; das gebe doch keinen vernünftigen Braten; sie wollten mir das Leben schenken; ich solle ihnen nur immer die fetten Menschenbraten gut herrichten!« Die Alte konnte nicht fortfahren, denn schon erschienen die Löwen: »Ah, welch saftiges Fleisch!« rief einer, »laßt es uns sofort verspeisen!« Ein anderer aber sagte: »Wir werden es bis morgen aufheben; dann wollen wir es essen!« Dann ließen sie das erschreckte Mädchen bei der alten Köchin. Die aber tröstete das arme Kind und flüsterte ihr zu: »Sei still; in der Nacht zeige ich dir, wie du entfliehen kannst.« Und richtig, um Mitternacht, als die Löwen im tiefsten Schlaf lagen und laut um die Wette schnarchten, ließ die Alte das Mädchen zur Tür hinaus. Da lief sie, so schnell ihre Füße sie tragen wollten. Doch einer der Löwen wurde plötzlich munter. Es war fast noch ganz dunkel. Und nun kam ihm in den Sinn, daß der gestern abend eingelaufene Braten vielleicht doch noch entwischen könnte, während sie alle so sorglos schliefen. Er sah nach, und wirklich, das Mädchen war nicht mehr da. »Das Fleisch ist weggelaufen!« schrie er laut, »das Fleisch ist weggelaufen!« Alle Löwen wurden wach, und etliche nahmen sich nicht einmal die Zeit, sich die Augen auszureiben, sondern sprangen auf ihre Füße, husch, hinaus und dem armen Mädchen nach. Die Dämmerung brach an. Nun erblickten sie auch die Flüchtende weit in der Ferne, wie sie sich bereits dem Fluß näherte. Da sprangen die Bestien, wie sie noch nie gesprungen waren, in langen Sätzen dem armen Opfer nach. Thakanjane war aber schon beim Fluß angelangt und sang in ihrer Herzensangst:

»Fröschlein, Fröschlein,
Hab' Erbarmen mit mir Armen;
Trink den Fluß aus, trink den Fluß aus,
Daß ich hurtig durchgehn kann!«

Der Frosch kam und trank ganz schnell den Fluß aus, und die Verfolgte ging trockenen Fußes hindurch. Da kamen aber auch schon die wilden Löwen angesprungen und wollten ihr nach. Thakanjane sang in großer Angst:

»Fröschlein, Fröschlein,
Hab' Erbarmen mit mir Armen;
Spei den Fluß aus, spei den Fluß aus,
Daß der Feind nicht durchgehn kann!«

Da spie der freundliche Frosch den Fluß wieder aus und blies dabei so heftig, daß die Wellen hoch aufspritzten. Die blutgierigen Löwen aber mußten mit leerem Rachen am vollen Fluß umkehren. Thakanjane kam wohlbehalten bei ihrer Mutter an, hat aber in ihrem Leben nie vergessen, welche Angst sie ausgestanden und wie sie so wunderbar errettet wurde.

# Schönen Dank, Mokoni

Ein Jäger wurde auf der Jagd von einem großen Regen überfallen. Er hoffte, daß der Regen nachlassen möchte, aber er wurde nur noch stärker. Es war ein rechter Landregen. Da überlegte der Mann: »Was tue ich? Das beste ist, ich fliehe auf einen Felsenberg. Vielleicht finde ich dort eine Höhle.« Wurfspeere, Wurfkeule und Jagdbeil in der Linken, erkletterte er den Berg und fand auch eine Höhle. Da kroch er hinein, zitternd vor Kälte. Und weil er sich nur auf der Jagd und nicht auf der Reise befand, hatte er auch nicht einmal sein gegerbtes Kuhfell als Schlafdecke mitgenommen. Wie bebte der Mann am ganzen Leibe vor Frost! Seine Zähne klapperten. Ebenso ging es seinen Hunden. Zusammengekauert hockte er mit seinen vierbeinigen Jagdgesellen in einer Ecke und dachte über sein trauriges Schicksal nach. Es war ihm höchst jämmerlich zumute, ohne Decke, ohne wärmendes Feuer, ohne Speise.

Doch als er noch so seinen traurigen Gedanken nachhing, war es ihm, als zöge der Geruch eines Feuers in seine Nase. Er machte seine Augen weit auf und spähte umher, bis er merkte, daß das Feuer in einer Seitenhöhle sein müsse. Er kroch hinein und fand wirklich ein glimmendes Feuer und auch Holz. Schnell schürte er das Feuer neu, warf Holz auf, rief seine Jagdhunde, und alle lagerten sich um ein prächtiges Feuer und wärmten sich. Das Herz des Jägers wurde nun bereits ein klein wenig fröhlicher. »Hab' ich auch weder Decke noch Speise, ich kann mich dennoch freuen«, sagte er, »denn ein Feuerlein wärmt meine klammen Glieder.« Kaum hatte er ausgesprochen, da hörte er, wie irgendein wildes Tier sich der Höhle näherte. Die Steine rollten unter seinen Tritten. Der Mann erschrak, erhob sich und nahm am niedrigen Höhleneingang Platz. Von hier aus konnte er beobachten, wie ein Raubtier ein totes Zebra vor sich her schob. Der Kopf einer Hyäne wurde schließlich sichtbar. Da streckte der Jäger keck seine Hand aus dem Versteck, ergriff das Zebra und sprach: »Schönen Dank, Mokoni!« Beim Klange der menschlichen Stimme jedoch erschrak die Hyäne dermaßen, daß sie eiligst floh. Der Jäger nahm nun das tote Zebra, zog es zum Feuer, zerlegte es und röstete das Fleisch. Auch die Hunde bekamen ihr Teil. Sie fraßen das Blut und erhielten

auch von den Gedärmen ein Stück.[12] So aßen sie und waren
fröhlich und guter Dinge. Vorüber waren alle Sorgen. Jetzt
briet der Jäger Fleisch, aß, verjagte den Hunger, und Kälte
fühlte er nicht mehr.

Mokoni aber blieb der Ehrentitel der Schwarzen vom Stamm
der Hyänen. Und wenn man einen Angehörigen dieses Geschlechts
recht danken will, so sagt man: *Achee, Mokoni!*


## Um eine Löwenhaut

»Höre, Hase!« sprach der Löwe, »wenn du gelegentlich den
Elanhirsch findest, so melde mir das, aber heimlich.« »Jawohl«,
antwortete der Hase, »den werde ich wohl schon mal
finden.« Und richtig, eines schönen Tages begegnete der Hase
dem Elanhirsch. »Höre«, flüsterte er diesem zu, »und wisse:
der Löwe sucht dich!« »So?« war die Antwort, »schon gut,
schon gut!« Damit ging der Gewarnte davon und fand seinen
Vetter Rot-Rehbock. »Vetter«, sprach er zu ihm, »falls du
jenen Mann siehst, der mich so schmerzlich sucht, sag ihm,
bitte, ich laß ihn schön grüßen; aber fangen ließe ich mich
nicht!« Der Löwe ärgerte sich wütend über diese Botschaft.
»Wer mag dem Elan nur verraten haben, daß ich ihn suche?«
sprach er zu sich. »Ja, jetzt fällt mir's ein, das ist Freund
Hase gewesen; aber warte, Verräter, fasse ich dich, geht dir's
ans Fell!« Und danach zog er aus und suchte den Missetäter.
Endlich eines Tages überraschte er ihn, er lag schlafend im
Busch. »Halt, jetzt habe ich dich«, sprach er zu sich, »jetzt
zerreiße ich dich mit meinen Tatzen!« Aber er war noch beim
Denken, da fuhr ihm der Hase zwischen die Beine, kam unterm
Schwanz wieder hervor und war auf und davon. Aber
wie das so geht, eines Tages lief er dem Löwen doch in die
Tatzen. Und als der Hase sah, daß Flucht unmöglich sei, gab
er sich den Anschein der allergrößten Harmlosigkeit. Der
Löwe fuhr ihn barsch an: »Wo kommst du her, erbärmlicher
Zwischenträger?« »Herr König«, antwortete der Gefangene
gelassen, »ich habe gehört, daß du gerade dabei bist, ein
Haus zu bauen; da dachte ich, ich müßte dir, meinem König,

---

[12] Därme, nur mäßig gereinigt, sind für die Kaffern ganz besondere Leckerbissen.
Deshalb zeigt es großes Wohlwollen, daß der Mann auch seinen
Hunden von den Därmen abgab.

doch helfen.« »So, so«, sagte der Löwe geschmeichelt, »das hast du recht getan. So laß uns nur frisch beginnen. Ich decke gerade das Grasdach. Nun kannst du gleich hinaufklettern und das Gras auflegen; ich werde von innen das Gras an die Latten binden!« »Ja — aber«, antwortete der schlaue Hase, »ich, ein unbedeutendes Geschöpf, soll draußen das Gras auflegen? Werde ich das verstehen? Nein, Herr, das gebührt den Großen und denen, die Erfahrung haben. Laß mich lieber drinnen sitzen und das Gras an die Latten binden, das du draußen auflegst!« — »Da hast du eigentlich recht«, antwortete der Wüstenkönig; denn die Rede des Hasen schmeichelte ihm. Und so arbeiteten sie dann zusammen. Der Löwe saß draußen oben auf dem Dach und legte Gras auf, durchstach die Graslagen mit der langen Holznadel, durch welche eine Schnur aus Baumbast gezogen war, und der Hase faßte dann — im Hause unterm Dach sitzend — die Spitze der Holznadel und zog an; hatte er fest gezogen, so stach er wieder nach oben, und der Löwe zog an. Auf diese Weise ging die Holznadel bald nach oben, bald nach unten, und so wurde das Gras auf die Latten geheftet. Nun hing aber der Schwanz des Löwen zwischen den Latten weit in das Innere der Hütte hinein. Im Eifer der Arbeit achtete der Wüstenkönig nicht darauf, daß auf diese Weise sein Schwanz leicht in Gefahr kommen könnte, mit dem Grase an die Dachlatten geheftet zu werden. Desto mehr achtete der Hase darauf. Im Nu band er den Löwenschwanz fest an die Latten. Der Löwe fühlte beim Anziehen der Schnur auch jedesmal einen kleinen Schmerz. »Frecher Kerl«, schnauzte er daraufhin von oben herab den Hasen an, »womit stichst du mich?« »Nicht doch, König«, gab der zur Antwort, »ich knackte nur ein paar Plagegeisterchen tot!« Als nun Freund Lampe überzeugt war, daß die Riemen den Löwenschwanz tüchtig festhielten, bat er: »König, ich habe Hunger, laß mich essen, du hast da so prächtiges Fleisch liegen.« »Gut, geh nur«, war die Antwort, »aber daß du mir nicht meine guten Happen wegißt; nimm von dem Mageren, das ist gut genug für dich!« Der Hase antwortete gar nichts, sondern setzte sich auf die Erde und aß. Der Löwe auf dem Dache beobachtete ihn scharf: »Heda«, rief er, »was habe ich dir gesagt? Iß mir nicht meine guten Happen weg; iß das Magere, das ist für dich gut genug!« »Ich esse, was mir beliebt«, war die kühle Antwort. Da sprang der Löwe auf: »Du Lümmel von einem Zwischen-

träger«, schrie er, »kannst du nicht hören, was ich dir sage?«
Und damit wollte er vom Dach auf den Hasen springen.
Aber ach — sein Schwanz war eingeklemmt. Und je größer
der Zorn wurde, und je mehr der Wüstenkönig auf dem
Dache raste, desto fester zog sich der Riemen um seinen
Schwanz. Und siehe, da erhob sich der Hase und schlug den
Löwen tot. Dann zog er ihm das Fell über die Ohren und
bekleidete sich selbst damit. »So«, sagte er, »nun werde ich
alle Tiere in Schrecken versetzen«; sprach's und machte sich
auf zur Stadt der Affen.
Die Affen aber hatten gerade große Töpfe Moorhirsebier gekocht und schwelgten bereits im Vorgefühl des Genusses. Da
trat plötzlich der Hase im Löwenfell in ihre Versammlung.
Großes Zittern und Entsetzen überkam die Affen. Der Löwe!
Was sucht der? Auf wen hat er's abgesehen? Dann aber grüß-
ten sie ihn demütig und sprachen: »Willkommen, Löwe!«
»Danke«, erwiderte er und ließ sich zu ihnen auf die platte
Erde nieder. »Wie geht es dir, du großer Herrscher?« fragten
höflich, aber kleinlaut die Affen. »Gut!« antwortete vornehm
der Gefragte. »Dürfen wir dir vielleicht ein Schöpflöffelchen
Wasser anbieten, König?« fragte der größte Affe. Und damit
setzte er auch bereits einen umfangreichen, irdenen Drei-Ei-
mertopf voll Hirsebier vor dem vermeintlichen Löwen auf
die Erde. Dann faßte er selbst erst den Schöpflöffel, trank
einen kleinen Schluck und reichte den Löffel dem Gast, der
ihn sofort tief in das unergründliche Gefäß hineinsenkte. Gefüllt bis zum Rand führte er ihn dann zum Mund. Dabei
ging ein Rauschen durch die Versammlung der Affen. Man
rief von allen Seiten: »Wohl bekomm's! König der Affen!
Herrscher! Untier!« Diese Ehrenbezeugungen gefielen dem
Hasen wohl. Als Herrscher aller Tiere gefeiert zu werden,
schien ihm sehr schön. »Herr«, sprachen die Affen, »du wun-
derst dich vielleicht, daß wir gerade beim speisegefüllten
Topf sitzen. Aber sieh, das Bier, welches du gerade vorfin-
dest, war für unsere Freunde bestimmt, die uns — wie üblich
— unsere Gärten bestellen helfen; du weißt, es ist jetzt
gerade die Zeit, in der wir uns gegenseitig beim Umhacken
der Äcker helfen.« »Jawohl«, erwiderte der Angeredete, »es
ist jetzt gerade die Zeit; aber ihr solltet euch nicht stören
lassen; geht nur auf eure Äcker; ich bleibe solange hier; wenn
ihr nach Hause kommt, werde ich sicherlich noch hier sein.«
Da nahmen die Affen ihre Hacken und zogen im Gänse-

marsch zu ihren Hirseäckern. Sie waren noch nicht weit gekommen, als einem Mädchen einfiel, daß sie ja das Saatkorn vergessen hatten. »Warte«, sprach einer der Affenmänner, »ich eile schnell nach Hause zurück und hole es.« Als er bei dem Hofe anlangte, wo sie mit dem Löwen beim Bier gesessen, und er eilig durch die lose Riettür des hohen Rutenzaunes hereintrat, siehe, da sah er hinter der Hütte ein Löwenfell in der Sonne ausgebreitet liegen, und obendrauf saß der Hase. Der Affe war wie vom Blitz getroffen: »Aha«, sagte er bei sich, als er sich endlich von seinem grenzenlosen Erstaunen erholt hatte, »das war nur ein Hase in eines Löwen Haut!« Spornstreichs eilte er seinen Verwandten nach und teilte ihnen — noch außer Atem — mit, was er gesehen: nicht einen Löwen, sondern einen Hasen auf ausgebreitetem Löwenfell, Ungeziefer ablesend. »Auf, laßt uns den Hasen greifen!« riefen jetzt die tapferen Affen wie aus einem Munde. Da waren sie auch schon auf den Beinen, schnalzten mit der Zunge, als hätten sie ihn bereits, und rannten in wildem Durcheinander zu dem Dorf. Dem Hasen wurde unheimlich, als er das Gestampfe unzähliger Füße vernahm. Nichts Gutes ahnend, erkletterte er den Rutenzaun, sprang auf den Hinterhof und entfloh durch die dort befindliche zwei Fuß hohe Türöffnung nach außen. Das Löwenfell mußte er im Stich lassen. Die Affen jagten ihm nach. Als schlauer Hase jedoch verbarg er sich in einem hohlen Baum. Die Verfolger bemerkten ihn nicht, sondern eilten vorüber. Vergeblich suchten sie ihn in allen Büschen und im hohen Gras. »Wo ist er nur geblieben?« hörte der Hase rufen. Und fürchtend, daß man schließlich noch im hohlen Baum nachsuchen könnte, entfloh er daraus. Da bemerkten ihn die Verfolger, und ein Wutgeheul ausstoßend, stürzten sie ihm nach. Freund Lampe war ihnen ein gut Stück voraus. Büsche und hohes Gras verbargen ihn vor ihren Augen. Doch er wußte wohl, daß sie ihn schließlich einholen würden, deshalb stürzte er sich in eine große Regenpfütze am Wege, wälzte sich ein paarmal tüchtig im Lehm herum und setzte sich dann neben die Regenpfütze. Es dauerte nicht lange, da erschienen die Verfolger auf der Bildfläche. Sie waren noch ganz außer Atem von dem schnellen Laufen und hielten die lehmbeschmierte Gestalt neben der Pfütze für einen Fremden. »He, du Lehmmichel«, riefen sie, »hast du nicht ein Häslein hier vorbeilaufen sehen?« »Ja«, war die Antwort, »vor kaum einem Augenblick! Ihr müßt eigentlich sein Staubwölkchen noch gesehen haben.« Da eilten die Affen weiter, an dem schlauen Hasen vorüber.

Der König der Affen aber schmückte sich fortan mit dem zurückgelassenen Fell des Löwen, ging auch darin auf die Jagd, um die Tiere recht zu erschrecken. Eines Tages nun traf er auf seinem Jagdzug den Tiger. Der hatte gerade den Kudu erlegt. Der König der Affen in der Löwenhaut begann schrecklich zu brüllen, als wäre er wirklich ein Löwe. Als das der Tiger hörte, floh er und ließ das erlegte Kudu zurück. Das war dem Affenkönig gerade recht; er rief schnell seine Kinder und sein ganzes Volk. Die kamen und trugen das herrliche Wildbret nach Hause. Einige Zeit darauf erlegte der Tiger einen Bergbock. Und als er gerade seine Mahlzeit halten wollte, da erschien abermals der König der Affen im Löwenfell und erhob ein schreckliches Brüllen wie ein Löwe. Da machte sich der Tiger wieder aus dem Staub und ließ den schönen Bergbock dem vermeintlichen Löwen zur Beute. Dieser aber lachte sich ob der Furcht des Tigers eins in sein Affenfäustchen und trug das schöne Fleisch nach Hause.

Eines Tages jedoch traf der Tiger die kleinen Affen spielend im Feld an. Diese Gelegenheit benutzte der Tiger und griff sich eines der Affenkinder. Die anderen rannten schreiend nach Hause. »Sage mir«, so begann der Tiger das Verhör des kleinen Gefangenen, »wo wohnt der Löwe, der mich ohne Unterlaß plagt? Ich hatte ein Kudu erjagt, und er hat mir's abgenommen; ich hatte einen Bergbock erlegt, und er hat ihn mir weggenommen. Ich bin gern bereit, dich loszulassen, ich will dir dein Leben schenken, wenn du mir verrätst, wo der Löwe haust!« Da antwortete das zitternde Affenbüblein: »König, es ist kein Löwe, es ist unser Herr, der König der Affen; er hat nur die Löwenhaut angezogen. Doch, Herr König, du darfst mich nun nicht verraten; denn wenn du unseren Leuten sagst, daß ich es erzählt habe, so wird der Häuptling mich töten!« Der Tiger aber antwortete: »Scher dich jetzt nach Hause; ich habe dich angehört!«

Bald darauf ging der Affenherrscher wieder einmal auf die Jagd. Der Tiger aber lag im Busch und lauerte ihm auf. »Da kommt der Mann!« sprach er und legte sich zum Sprunge bereit. Nichts ahnend kam der Gesuchte heran. Doch als er noch so in Gedanken verloren daherkam, sprang der Tiger auf mit einem mächtigen Satz und stieß ein schrecklich drohendes Gebrüll aus. Der Affe wollte fliehen, aber der Tiger hatte ihn schon ergriffen und hielt ihn fest an seinem prahlerischen Löwenfell. Als der Affenkönig einsah, daß Flucht unmöglich sei, legte er sich aufs Bitten und sprach: »Herr, ich bitte um Vergebung, laß mich dir etwas sagen!« »Sage an«, antwortete der Tiger, »aber mit welchem Lösegeld in der Hand erbittest du Vergebung?« »Herr«, versetzte der Gefangene, »laß uns miteinander gehen, daß ich dich führe und dir das Lösegeld zeige, mit dem ich Vergebung erbitte!« Da gingen sie miteinander und kamen zu einem Baum, der unten dicht belaubt war, oben aber herrliche Früchte trug: »Gehe da hinein, Herr, und verbirg dich im unteren Gezweige; ich werde den Baum ersteigen!« Der Tiger aber sagte: »Zieh nur erst das Löwenfell aus und lasse es unten bei mir!« »Wahrhaftig, Herr König, du sprichst die Wahrheit!« gab der Gefangene zur Antwort und zog das Fell aus. Der Tiger faltete es zusammen und legte es unter den Baum. »Wenn ich nun auf den Baum gestiegen bin«, fuhr der Gefangene fort, »dann werde ich ihn schütteln, seine Früchte werden zur Erde fallen, und die großen Rotböcke und kleinen grauen Wildböcke werden kommen um sie aufzulesen. Dann greife dir einen, welchen du willst!« Und damit begann er den Baum zu schütteln und schüttelte, daß all die herrlichen Früchte zur Erde fielen, und die Wildböcke kamen, um sie zu fressen. Der Tiger suchte sich den besten aus, sprang mit kühnem Satz hervor und griff sich seine Beute. Danach stieg der gefangene Affenkönig aus dem Baum herab, stellte sich demütig vor den Tiger und sprach: »Da hast du mein Lösegeld, das Wildbret da in deinen Händen, Herr König!« »Dein Lösegeld habe ich empfangen«, war die Antwort.

Nun faßte sich der Freigesprochene ein Herz und bat den Tiger um die Löwenhaut. »Herr«, sagte er, »wie wäre es, könntest du mir nicht das Fell schenken? Sieh, ich lebe davon; wenn ich das anziehe, so fürchten sich alle Tiere vor mir; schenke mir's doch.« »Meinetwegen«, antwortete der Tiger, »ich brauche es nicht; ich lebe durch meine eigene Gewandtheit und Kraft; das Fell des Löwen habe ich nicht nötig; nimm dir's, wenn du es so gern magst!« Schnell nahm der Affe die Löwenhaut, zog sie an, dankte und verschwand.

## Der Garten ist dein, Feldhuhn

Perlhuhn und Feldhuhn stritten sich um den Garten. Perlhuhn sagte: »Dieser Garten gehört mir!« Feldhuhn sagte: »Nein, er gehört mir!« Da brachte Perlhuhn die Sache vor Gericht. Die Richter forderten Feldhuhn auf, vor ihnen zu erscheinen. »Reden Sie nun, Perlhuhn, da ist Feldhuhn! Sagen Sie uns Ihre Sache und wie Sie zum Garten gekommen sind!« Da antwortete die Klägerin: »Ich kam kä, kä, kä, kä, kä! und machte ta! da war der Garten fertig!« Die Richter forderten nun Feldhuhn auf, seine Sache zu vertreten: »Sprich, Feldhuhn, was hast du dagegen anzuführen!« »Ich? Ihr Könige!« dabei wiegte Frau Feldhuhn das jüngste Kind — im Schaffell auf den Rücken gebunden — hin und her; die übrigen, die immer fleißig mitgeholfen, standen rings um die Mutter. »Ich?« fuhr sie fort, »ich bin gegangen und habe den Garten bearbeitet mit meinen Kindern schon seit Jahren; manchmal, wenn die Kleinen ermüdet waren vom vielen Arbeiten, ließ ich sie zu Hause und zog allein aufs Feld; früh mit dem Morgengrauen stand ich auf und ging an die Arbeit; manchmal waren wir beim Aufgang der Sonne schon einmal müde; so wurde mein Garten sehr groß; denn wir arbeiteten täglich an seiner Erweiterung!« Da antworteten die Richter: »Der Garten ist dein, Feldhuhn!« und richteten zugunsten der Fleißigen. »Jene« — und dabei deuteten sie auf Perlhuhn — »kann keine Beweise für ihr Eigentumsrecht vorbringen; ein Garten wird nicht auf einmal und an einem Tage fertig; der Garten ist dein, Feldhuhn!«

## Untreue frißt ihren eigenen Herrn

Der Hund war immer mit seinem Herrn gegangen. Da wurde der Herr krank und starb, fern vom Haus in der Wüste. Der Hund bewachte den Leichnam. Da kam die Hyäne, machte sich über den toten Menschen her und fraß ihn. »Halt!« schrie der Hund sie an, »das ist mein Herr!« »Du Tor!« antwortete die Hyäne. »Was hat er dir denn zu essen gegeben von all dem schönen Wild, das er erlegt? Die Knochen hast du bekommen; das Fleisch hat er selbst gegessen; wofür bist

du ihm denn Dank schuldig? Komm, iß mit!« Da ging der Hund und aß mit und fraß seinen eigenen Herrn.
Der Hund aber warf darauf Junge. Eines Tages, als er ausgegangen und die kleinen Hunde allein zu Hause waren, kam die Hyäne daher, sah die Tierchen und fraß sie. Als sie noch dabei war, kam der Hund. Oh, der Jammer! »Das hat mir mein Herr aber nie angetan«, sagte er weinend. »Er hat mir allerdings nur die Knochen zu fressen gegeben, aber meinen Kindern hat er kein Leid getan!« Sprach's und hob die Gemeinschaft mit der Hyäne auf.

## Vom Sohn des Molopelope
## Die falsche Schlange

Es war einmal ein Dorf, das gehörte dem Häuptling Molopelope, dem Sohn Thutloas. Nach Häuptlingsart besaß er viele Frauen. Einer seiner Söhne war ein böser Mensch. Die jungen Mädchen des Dorfes hatten große Furcht vor ihm, weil sie ihn gesehen hatten, wie er sich in eine Schlange verwandelte. Weil er aber des Häuptlings Sohn war, fürchteten sie sich, es seinem Vater zu sagen. Da ging eine der Töchter Molopelopes zum Häuptling, und weil sie ein Kind der »großen Frau« war, faßte sie sich ein Herz und bat: »Laß uns von hier wegziehen und das Dorf an anderer Stelle aufbauen!« Sie wollte dem Vater aber nicht sagen, was sie zu dieser Bitte veranlaßte. Und alle jungen Mädchen des Ortes gingen einzeln zu ihrem Vater und baten: »Laß uns von hier wegziehen und das Dorf an anderer Stelle aufbauen!« Molopelope aber wurde zuletzt müde und berief alle Männer zu einer großen Versammlung. »Männer!« sagte er, »ich bin müde geworden durch die Bitten meines Kindes; fort und fort liegt sie mir in den Ohren: laß uns von hier wegziehen und das Dorf an anderer Stelle aufbauen! Aber sie sagt mir nicht, was sie von diesem Ort hinwegtreibt!« Da antworteten die Männer, einer nach dem andern: »König, auch mein Kind ist mit derselben Bitte gekommen, verschweigt aber gleichfalls die Ursache zur Bitte.« Da stand einer aus der Versammlung auf und sprach: »König, laßt uns hören auf die Kinder, laßt uns ausziehen!« Da zogen sie aus. Aber eine Tochter des Häuptlings zog nicht mit.

Das Mädchen blieb zurück in dem verlassenen Dorf und sprach: »Ich ziehe nicht von dieser Stätte weg!« und so blieb sie und wohnte einsam in den zerfallenden, niedrigen Hütten. Ihre Mutter aber, eine Nebenfrau des Häuptlings, brachte ihr täglich den Hirsebrei; denn ihr Kind tat ihr leid. Und jedesmal, wenn sie die Speise brachte, sprach sie: »Ntscheelane, mein Kind, die du mein Herz in seiner Langmut prüfst, hier ist der Hirsebrei! Iß, Ntscheelane, die du mein Herz in seiner Langmut prüfst, die du gesagt hast, das Leben zwischen den Ruinen wirst du aushalten.«

Da kam eines Tages ein Mann zu dem Mädchen und sprach: »Du wirst sterben, Ntscheelane, umkommen wirst du, der Hunger wird dich töten. Sieh, deine Mutter wohnt weit; eines Tages wird sie müde werden und dir keine Speise mehr bringen, dann wirst du vor Hunger umkommen; komm zu uns!« Da verließ sie die Ruinen und folgte ihm zu seinem Dorf. Der Mann aber war ihr Stiefbruder, jener böse Mensch, wegen dem die jungen Mädchen ihre Väter gebeten hatten, fortzuziehen. Nach kurzer Zeit machte er Ntscheelane einen Antrag und wollte sie heiraten. Sie aber lehnte ihn ab.

Da belauschte sie eines Tages ein Gespräch zwischen dem Mann und seiner Mutter. Sie hörte, wie er zu dem alten Weib sagte: »Ich gehe aufs Feld, bleib du und überrede das Mädchen, daß sie sich das Haar scheren läßt. Und wenn du dann dabei bist, so schneide ihr den Hals ab, und wenn sie tot ist, so koche ihr Fleisch, damit ich es essen kann, wenn ich wieder nach Hause komme.« Als der Mann fort war, erhob sich Ntscheelane von ihrer Strohmatte, auf der sie unter dem gegerbten Kuhfell scheinbar geschlafen hatte. Da sprach das alte Weib zu ihr: »Komm, laß mich dein Haar schneiden; es ist so lang; du siehst häßlich aus!« »Ja«, gab sie zur Antwort, »bring nur das Schermesser, laß uns auch vorher sehen, ob es scharf genug ist!« Und sie holte das Schermesser. »Beuge nur deinen Kopf ein wenig, damit ich prüfe, ob es auch scharf genug ist!« Da setzte sich die Alte nieder auf die Erde und neigte ihr Haupt. Ntscheelane aber faßte das Schermesser fest und schnitt ihr den Hals ab, so daß das alte Weib den Geist aufgab. Nun zerstückte sie das Fleisch und kochte es in einem großen irdenen Topf. Dann nahm sie die Kuhfelldecke der Alten und legte sich in den Schatten des hohen Rutenzaunes, der den Hof umgab, wo jene stets zu liegen pflegte. Gegen Abend kam der Mann nach Hause. »Mutter!« sagte er zu der unterm Kuhfell Liegenden. »Ja«, kam es fragend mit dünner Stimme unter der Decke hervor. »Hast du getan, was ich dir sagte?« Das Mädchen verstellte die Stimme und antwortete, die Alte nachahmend: »Ja, ich habe alles in die Hütte hineingesetzt.« Da ging er hinein und aß das Fleisch seiner Mutter. Als er sich satt gegessen, kam er wieder herausgekrochen aus der niedrigen Hüttentür. In demselben Augenblick erhob sich das Mädchen. Eine fürchterliche Ahnung stieg nun in dem Mann auf, und mit überlauter Stimme schrie er Ntscheelane an: »Wo ist meine Mutter?« Die Angeredete stieß ein lautes Geschrei aus und rief: »Schlange hat seine Mutter gefressen und dachte, er esse das Fleisch der Jungfrau!« Wütend sprang der Sohn Molopelopes jetzt auf und hinter dem fliehenden Mädchen her. Die aber lief, was ihre Füße sie tragen konnten, und schrie noch lauter: »Schlange hat seine Mutter gegessen und dachte, er esse das Fleisch der Jungfrau!«

Die Verfolgte aber war schneller als der Verfolger. Sie nahm die Richtung zu der neuen Niederlassung Molopelopes, der Mann hinterdrein. Im Dorf der Angehörigen angekommen, rief sie: »Schnell, sucht Schermesser!« Im Nu brachten die Aufgeschreckten scharfe Schermesser zusammen, und nach der Anweisung Ntscheelanes wurden sie auf dem schmalen Kafferfußweg in die Erde gegraben, so daß die scharfen Schneiden oben heraussahen. Da kam auch schon der Verfolger in Gestalt einer Schlange herangerasselt. Nicht auf die scharfen Messer im Weg achtend, geriet die Schlange da hinein, schnitt sich heftig und wandte das Haupt, den heimtückischen Gegner zu suchen und zu beißen. Dabei biß sie sich selbst und starb. Die Männer des Dorfes kamen mit Knütteln und gaben ihr den Rest.

Das Mädchen aber wurde von allen wegen ihrer Besonnenheit und Tapferkeit sehr gepriesen. Sie antwortete auf alles Lob mit den Worten: »Nur wegen dieser Schlange blieb ich im verlassenen Dorf zurück. Sie hat uns lange geängstigt. Deshalb hatte ich mir vorgenommen, sie zu vernichten.«

Nun bekannten auch alle anderen Mädchen ihre Furcht und sprachen: »Seht, was uns veranlaßte, euch zu bitten, auszuziehen, war nichts anderes als diese Schlange. Aber wir fürchteten uns, es euch zu sagen, weil es der Sohn des Häuptlings war.«

Molopelope aber veranstaltete für seine Tochter ein großes Fest.

## Frau Kchaladis Leid

Es war einmal eine Frau, die hatte mit ihrer Hacke den Hirsegarten bestellt. Sie war sehr fleißig gewesen, und alles Unkraut hatte sie — wie üblich — in großen Haufen gesammelt. Als sie eines Abends nach Hause gegangen war, da kamen zwei Vögel geflogen; die setzten sich jeder auf einen Unkrauthaufen. Der erste sprach: »Garten der Frau Kchaladi, bewachse mit Unkraut!« Und der zweite sprach: »Garten der Frau Kchaladi, werde rein von Unkraut!« Als nun am andern Morgen die Frau zu dem Garten zurückkehrte, siehe, da fand sie überall, wo sie bereits das Unkraut ausgehackt hatte, neues Unkraut. Sie klagte ihrem Mann ihr Leid. Der machte sich gegen Abend auf zu dem Garten, als die Frauen nach Hause gingen, und versteckte sich in einem der Unkrauthaufen. Und siehe da, zwei Vögel kamen angeflogen und setzten sich auf die Unkrauthaufen. Der eine sprach: »Garten der Frau Kchaladi, bewachse mit Unkraut!« Der andere sprach: »Garten der Frau Kchaladi, werde rein von Unkraut!« Da griff der Mann zu und hatte alsbald in jeder Hand einen der beiden Zaubervögel. Er brach einen langen Dorn vom Strauch, bedrohte damit die Gefangenen und sprach: »Jetzt müßt ihr daran glauben, ich steche euch!« Der zunächst Bedrohte jammerte laut: »Ach, stich mich nicht mit dem Dorn! Hast du denn nicht gehört, was ich sagte? Mein Spruch lautete: Garten der Frau Kchaladi, werde rein von Unkraut!« Da ließ der Mann den Vogel fliegen. Den zweiten aber behielt er, nahm abermals den Dorn und sprach: »Ich steche dich!« Der aber zwitscherte vor Angst: »Stich mich doch nicht mit dem Dorn! Mich kannst du melken, ich gebe Milch!« »Das wollen wir gleich sehen!« antwortete der Mann, nahm einen Topf und — wahrhaftig! Der Vogel gab Milch. Nun nahm er das Wundertier mit nach Hause und erzählte seiner Frau davon. »Laß sehen!« rief diese. Sofort ergriff der Mann den Dorn und sprach zum Vogel: »Ich steche dich!« Der aber wimmerte: »Stich mich nicht mit deinem Dorn, ich gebe Milch!« »Das werden wir gleich sehen!« antwortete die Frau, brachte einen Topfscherben, und richtig, der Vogel gab Milch. Nun begann eine gute Zeit im Hause Kchaladis. Täglich bedrohten sie den Vogel mit dem Dorn, und er gab Milch. Die diente der ganzen Familie als Zukost zum Hirsebrei. Eines Tages aber, als der Mann und die Frau aufs Feld gegangen waren, kamen die Gespielen ihres Söhnchens und fragten ihn: »Sag, wo nehmt ihr all die prächtige Sauermilch her, die ihr immer eßt?« »Oh«, versetzte der Kleine, sich rühmend, »wir haben einen Vogel im Hause, der gibt Milch; kommt, ich will ihn euch zeigen!« Da gingen sie zusammen, und der Knabe band den Vogel los, nahm einen Dorn und drohte: »Ich steche dich!« »Stich mich nicht«, antwortete das arme Tier, »ich gebe Milch!« Nun nahm der Junge einen alten Topf, und siehe, der Vogel gab Milch. Aber plötzlich entwand er sich den Händen seines Peinigers und flog davon. Am Abend kamen die Eltern nach Hause. Die Mutter kochte an der Feuerstelle draußen im Hof den Hirsebrei, und als sie fertig war, sprach sie: »Laßt uns den Milchvogel losbinden.« Aber sie fand ihn nicht. »Wo ist der Vogel, Junge?« schrie sie. »Weggeflogen«, antwortete dieser kleinlaut. Da fielen beide Eltern über das Kind her, schlugen es braun und blau und warfen es aus der Hofstätte. Dort blieb der Knabe liegen. Ein heftiger Regen stellte sich ein, in Strömen ergoß sich das Wasser aus den Wolken und schwemmte das fast bewußtlose Kind zum Fluß hin, wo die Flußpferde hausten. Die nahmen den Heimatlosen auf. Aber von der Zeit an wurde es unsicher am Fluß. Wenn Kinder kamen, um Wasser zu schöpfen, vertrieb sie der Flußpferdknabe. Dann flohen sie nach Hause und erzählten: »Unten im Strom haust ein Mensch, der jagt uns fort und schreit: Meine Mutter hat mich kurz und klein geprügelt, der Regen schwemmte mich hinweg, und unsere Flußpferde erbarmten sich und nahmen mich auf!« — Als das Vater und Mutter hörten, gingen sie hin und baten die Nilpferde: »Gebt uns unser Kind wieder!« Die gaben den Jungen heraus, aber unter einer Bedingung: »Wenn ihr das Haus oder den Hof fegt, so jagt nicht den Jungen weg von dem Fleck, auf dem er gerade liegt oder steht, sondern fegt lieber um ihn herum!« Das versprach die Mutter. Aber eines Tages hatte die Frau bereits wieder alle Angst um den Knaben vergessen und schalt ihn heftig, weil er ihr im Wege war, als sie ausfegte. In ihrem Zorn gab sie ihm einen derben Stoß, und siehe da — das Kind zerfloß in Wasser und schwemmte hinab zum Fluß zurück. Aber Frau Kchaladi trug Leid ihr Leben lang.